A PHOTOGRAPHIC GUIDE TO THE

BIRDS

of the INDIAN OCEAN ISLANDS

Madagascar, Mauritius, Seychelles, Réunion and the Comoros

IAN SINCLAIR,
OLIVIER LANGRAND &
FANJA ANDRIAMIALISOA

GUIDE PHOTOGRAPHIQUE DES
OISEAUX DES ÎLES DE L'OCÉAN INDIEN

Struik Publishers
(a division of New Holland Publishing (South Africa) (Pty) Ltd)
Cornelis Struik House
80 McKenzie Street
Cape Town 8001

New Holland Publishing is a division of Johnnic Communications Ltd.

Visit us at www.struik.co.za

Log on to our photographic website **www.imagesofafrica.co.za** for an African experience

First published in 2006
10 9 8 7 6 5 4 3 2 1

Copyright © published edition: Struik Publishers, 2006
Copyright © text: Ian Sinclair and Olivier Langrand, 2006
Copyright © photographs: individual photographers (see below), 2006
Copyright © map: Struik Publishers, 2006

ISBN 1 77007 175 X
(9781770071759)

Publishing manager: Pippa Parker
Managing editor: Lynda Ingham-Brown
Editor: Colette Alves
French translator: Fanja Andriamialisoa
French proofreader: Cécile Spottiswoode
English proofreader: Joanna Ward

Design, typesetting and reproduction by Hirt & Carter Cape (Pty) Ltd
Printed and bound by Craft Print International Ltd

PHOTOGRAPHIC CREDITS: Laurent Brillard – pp 68, 97, 103, 110, 121, 125 (top); JJ Brooks/Photo Access – pp 125 (middle), 126 (top); Lindsay ChongSeng – p 39; Gerald Cubitt – p 100; Roger de la Harpe/BIOS – p 72; Nigel Dennis/IOA – pp 8, 14, 15, 16, 22, 23, 26, 28, 29, 45, 48, 50, 53, 67, 69; Albert Froneman/IOA – p 24 (top), 44; Nick Garbutt/Indri Images – pp 12 (bottom), 78; Michel Gunther/ BIOS – p 9; Dominique Halleux – pp 17 (right), 18, 21 (top), 46, 51, 57, 58, 77, 79, 85, 90, 93, 99 (right), 101, 109, 113; Dominique Halleux/BIOS – p 74; Olivier Langrand – pp 13 (left), 17 (left), 24 (bottom), 34, 35 (left), 38, 47, 54 (right), 70, 71, 80, 84, 87, 88, 91, 92, 96, 99 (left), 117, 118; Jean-Louis Le Moigne/BIOS – p 124 (top); Jean Mayet/BIOS – p 124 (middle); Gabriel Meilhac/BIOS – p 126 (middle); Pete Morris – pp 20, 27, 30, 33, 40, 41, 73 (right), 76, 82, 86, 89, 94, 98, 111, 112, 114, 115, 124 (bottom), 126 (bottom); Photo Access – p 55; Peter Pickford/IOA – pp 32, 42, 43, 119; Marc Salamolard/SEOR – pp 64, 75; François Savigny/BIOS – pp 65, 123 (top); Ian Sinclair – pp 1, 10, 11, 12 (top), 13 (right), 19, 21 (bottom), 25, 31, 35 (right), 36, 37, 49, 52, 54 (left), 56, 59, 60, 61, 62, 63, 73 (left), 81, 83, 95, 105, 106, 116, 120, 122, 123 (bottom); Adrian Skerrett – pp 102, 104, 108; Claire Spottiswoode – p 107; Peter Steyn/Photo Access – p 125 (bottom); MC Thouvenin/BIOS – p 66

COVER: Front: Madagascar Fody (Laurent Brillard). Back (top to bottom): Little Grebe (Nigel Dennis); Souimanga Sunbird (Ian Sinclair); Littoral Rock-Thrush (Ian Sinclair); Madagascar Buzzard (Ian Sinclair)

All rights reserved. No part of this publication may be reproduced, stored in a retrieval system, or transmitted, in any form or by any means, electronic, mechanical, photocopying, recording or otherwise, without the written permission of the copyright owner(s).

🇬🇧 Contents

■ ■ Table de Matieres

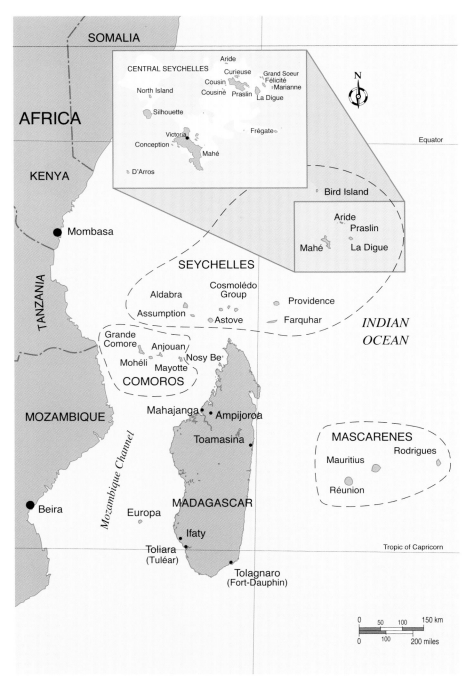

MADAGASCAR AND SURROUNDING ISLANDS

Introduction

In 1998 Struik published a field guide to birds of the Indian Ocean islands by Ian Sinclair and Olivier Langrand. As this guide played a role in the development of the region as a bird-watching destination, the next logical step was to produce a photographic guide depicting the region's most striking bird species. This publication aims to capture the attention of a more general audience than the one targeted by the field guide. The guide includes 128 of the region's most common or extraordinary species and describes their appearance, behaviour, habitat, and geographical distribution. The concise text, coupled with photographs, makes the book ideal for occasional birdwatchers as well as advanced birders. The text appears in English and French, two of the three main languages spoken in the region.

The region

The region covered in this guide is dominated by Madagascar which is the fourth largest island on Earth and covers more than 587 000 km^2. Although located about 400 km off the east coast of Africa, Madagascar has been isolated from other landmasses for more than 165 million years. As a result, most of the plant and animal species have evolved in long isolation and are unique to the island; levels of endemism are exceptionally high.

The smaller south-west Indian Ocean islands covered comprise the Seychelles (including Aldabra), the Comoros (incorporating the French overseas territory of Mayotte), and the Mascarenes (Mauritius, Rodrigues, and the French overseas department of Réunion).

Introduction

Struik a publié en 1998 un guide d'identification des oiseaux des îles du sud-ouest de l'océan Indien rédigé par Ian Sinclair et Olivier Langrand. Cet ouvrage ayant contribué à renforcer l'attrait de la région comme destination ornithologique, un guide photographique couvrant les espèces d'oiseaux parmi les plus communes et les plus remarquables semblait une suite logique. Les auteurs ont sélectionné 128 espèces avec des informations sur leur apparence, leur comportement, leurs habitats et leur distribution géographique. Ce livre, par la concision du texte et les photographies présentées, est idéal à la fois pour les amateurs occasionnels d'observation d'oiseaux et pour les ornithologues. Le texte est en anglais et en français, deux des trois langues principales parlées dans la région.

La région

Madagascar est la quatrième plus grande île au monde avec une superficie de 587 000 km^2. Madagascar ne se trouve qu'à environ 400 km des côtes africaines, mais a été isolée du bloc continental africain depuis plus de 165 millions d'années. La majorité des espèces de plantes et d'animaux y ont évolué de manière isolée.

Les niveaux d'endémisme y sont exceptionnellement élevés. Les plus petites îles du sud-ouest de l'océan Indien incluent les Seychelles (y compris Aldabra), les Comores (y compris Mayotte) et les Mascareignes (l'île Maurice, Rodrigues et la Réunion).

Endemism in the area

Madagascar's most striking feature is its high level of endemism rather than total diversity, particularly at the generic and family levels. Of the 283 bird species recorded there, 209 breed on the island; 52% of these are endemic. A further 22 species are shared with the neighbouring islands. There is high family level endemism, with five bird families restricted to the island. Some of these are extraordinary ancient relict bird families, such as the groundrollers (five species), cuckoo rollers (one species), and mesites (three species).

On the Comoros, 103 bird species have been recorded, 13 of which are endemic. Of the 112 bird species recorded on Mauritius, seven are endemic, and some, like the Mauritius Kestrel and Pink Pigeon, are considered highly threatened.

On Réunion, 78 species have been recorded, including nine endemic species; most of them threatened at various levels.

Conservation

Madagascar has one of the most dramatic records of species extinction in modern times, resulting partly from the impact of hunting since the arrival of humans 2 300 years ago. The threats to Madagascar and the south-west Indian Ocean islands are well documented, with forest destruction being among the primary causes of habitat loss. Around 8.8 million hectares of forest have been lost, and wetlands are under considerable threat. Lemurs, some birds and smaller mammals are frequently hunted.

In the Comoros, at least 80% of the native vegetation has been destroyed. Between 1990 and 1995 deforestation reached 5.8% per annum, the fourth highest rate

---

Endémisme régional

La caractéristique la plus frappante de la biodiversité de Madagascar est le haut niveau d'endémisme, en particulier aux niveaux du genre et de la famille. Sur les 283 espèces d'oiseaux trouvées à Madagascar, 209 espèces nichent sur l'île et 52% sont endémiques. Vingt-deux autres espèces se trouvent à la fois à Madagascar et dans les îles voisines. Cinq familles d'oiseaux sont restreintes à l'île, certaines extraordinairement anciennes, comme les rolliers terrestres (cinq espèces), les courols (une espèce) et les mésites (trois espèces).

Au total, 103 espèces d'oiseaux ont été répertoriées aux Comores, dont 13 endémiques. Des 112 espèces d'oiseaux de l'île Maurice, sept sont endémiques. Certaines d'entre elles, comme le Crécerelle de Maurice et le Pigeon rose, sont fortement menacées. A la Réunion, 78 espèces ont été répertoriées dont neuf espèces endémiques, qui sont pour la plupart menacées à des degrés variables.

Conservation

Madagascar possède l'un des niveaux les plus élevés d'extinction d'espèces, en partie à cause de la chasse depuis l'arrivée des hommes il y a 2300 ans. Les menaces affectant Madagascar et les îles du sud-ouest de l'océan Indien sont bien connues. La perte totale de forêts est estimée à environ 8,8 millions d'hectares. Les zones humides sont fortement menacées. Les lémuriens et quelques espèces d'oiseaux et de petits mammifères sont fréquemment chassés. Aux Comores, 80% au moins de la végétation originelle a été détruite. De 1990 à 1995, le taux de déforestation atteignait 5,8% par an, le quatrième taux le plus haut au monde. Mayotte était autrefois couverte de forêts. Presque toutes ont été détruites avant 1900, les fragments ayant subsisté ne couvrant plus que 3% de la

of any country. Mayotte Island was once forested, but most of this was destroyed before 1900, leaving fragments of native forest covering only 3% of the island area. Hunting is a major threat to the avifauna, with species such as the Comoro Olive Pigeon becoming rare as a result.

On Réunion humans have caused the loss of 75% of the native vegetation area and 50% of the native vertebrate fauna (including 55% of the birds). At least six plant species and 21 vertebrates are documented to have become globally extinct.

Much of the original lowland vegetation on the Seychelles was cleared for timber production or agriculture. Significant reservoirs of biodiversity have survived, however, due to the steep terrain of the high islands. Fortunately, Madagascar has entered a new era in terms of biodiversity conservation. The current protected area network includes 46 legally protected areas covering 16 131 km^2 of the country. A number of the south-west Indian Ocean islands have some protected area coverage.

Ecotourism is playing a substantial role in economic development in the region and contributes to the management of important biodiversity sites. Madagascar's government is undergoing a fundamental shift in how it views the value of forests, and there has been a move towards managing biodiversity capital. This is likely to result in substantial economic benefits for communities living in biodiversity-rich areas, who are often among the poorest and least-favoured members of an already poor society. The authors hope this book will advance the cause of biodiversity conservation and promote the region as a top destination for nature-based tourism.

---

surface de l'île. La chasse représente une menace majeure pour l'avifaune, affectant notamment des espèces maintenant rares comme le Pigeon des Comores.

A la Réunion, les hommes ont causé la disparition de 75% de la couverture végétale et de 50% de la faune vertébrée originelles (y compris 55% des espèces d'oiseaux). Six espèces de plantes et 21 espèces de vertébrés au moins sont considérées éteintes au niveau mondial.

La végétation originelle de plaine des Seychelles a été défrichée pour la production du bois ou pour l'agriculture. Des poches importantes de biodiversité ont cependant survécu, notamment grâce au relief abrupt des îles montagneuses. Madagascar est récemment entrée dans une nouvelle ère de conservation de la biodiversité. Le réseau actuel d'aires protégées de Madagascar comprend 46 aires légalement protégées d'une superficie totale de 16131 km^2. Quelques îles du sud-ouest de l'océan Indien possèdent également des aires protégées.

L'écotourisme est un facteur majeur du développement économique à Madagascar et dans les îles du sud-ouest de l'océan Indien. Il contribue également à la gestion des sites importants pour la biodiversité. Récemment, le gouvernement malgache a adopté une nouvelle orientation basée sur une conception fortement revue de la valeur des forêts et sur la gestion du capital constitué par la biodiversité. Cette nouvelle approche contribuera certainement à des bénéfices économiques substantiels pour les communautés vivant dans les zones riches en biodiversité. Les auteurs espèrent que cet ouvrage contribuera à améliorer la conservation de la biodiversité dans la région et à la promouvoir comme une destination privilégiée du tourisme de nature.

breeding/nicheur

non-breeding/non-nicheur

Little Grebe

Looks like a tiny duck with a pointed (not flattened) bill with a pale oval spot at the base. Shows bright chestnut throat, sides and front of neck. Rest of plumage is dull brownish, with a paler rump. Non-breeding and immature plumage appear greyish overall, lacking chestnut and with a paler neck. Confined mostly to freshwater areas, from small lakes to large open stretches of water and generally near reed beds. Usually in pairs or small groups. Within the region, found only on Madagascar and the Comoros, where it is common.

Grèbe castagneux

Ressemble à un minuscule canard avec un bec pointu (et non aplati) avec une tache ovale de couleur blanchâtre à la base du bec. La gorge, les côtés et le devant du cou sont roux. Le reste du plumage est d'un brun terne, avec les sus-caudales plus pâles. Le plumage de l'adulte non nuptial et celui de l'immature diffèrent du plumage de l'adulte nuptial par une teinte générale grisâtre, sans la couleur rousse, et par un cou plus pâle. Espèce fréquentant les zones d'eau douce, des petits lacs et aussi des grandes étendues d'eau en général près des roselières. Généralement observé par couple ou au sein de petits groupes. Dans la région, présent seulement à Madagascar et aux Comores, où l'espèce est commune.

Wedge-tailed Shearwater

An all dark brown seabird with long, slender wings and a pointed tail. At close range a pale, greyish-pink bill is noticeable. Might be confused with all dark Brown Noddy (p. 59), but is bigger and has a very different flight action: rapid wing beats on stiff outstretched wings, interspersed with long glides close to the sea's surface. In strong winds can soar high over waves in a sweeping motion. Frequently seen from land, especially during storms and also at dusk before arriving ashore to breed. Common throughout the region, breeding on many islands.

Puffin du Pacifique

Oiseau pélagique entièrement brun sombre, aux longues ailes fines et à la queue pointue. De près, on peut remarquer la couleur rose grisâtre du bec. Peut être confondu avec le Noddi brun (p. 59), mais sa taille est plus grande et son vol très différent: des battements d'ailes rapides, au cours desquels les ailes sont maintenues raides et tendues, alternés avec de longs vols planés près de la surface de la mer. Lorsque le vent est fort, peut voler haut au-dessus des vagues en se laissant porter. Fréquemment observé de la terre ferme, en particulier en cas de tempêtes et également à la tombée du jour lorsqu'il vient à terre pour se reproduire. Commun dans toute la zone considérée et niche sur plusieurs îles de la région.

Red-tailed Tropicbird

At close range, in breeding, shows a rosy pink flush on its all white plumage and has extremely long, bright scarlet central tail feathers. At a distance the red tail is not noticeable; the bird appears all white with a large red bill. Differs from the smaller White-tailed Tropicbird (opposite) by red (not yellow) bill and lacking black marks on the upperwings. Immature has black barring on the upperparts and a black bill. Uncommon, seen most frequently on or near the islands on which they breed, or far from land over the open oceans.

Phaéton à queue rouge

De près, en période de reproduction, présente un plumage entièrement blanc teinté de rose et de très longues rectrices centrales rouge écarlate. A distance, la queue rouge ne se remarque pas; l'oiseau apparaît tout blanc avec un bec rouge fort. Diffère du plus petit Phaéton à queue blanche (ci-contre) par son bec rouge (et non jaune) et par l'absence de marques noires au niveau des sus-alaires. L'immature a les parties supérieures du corps striées de noir et le bec noir. Espèce peu commune, observée le plus souvent sur les îles où elle niche ou dans les environs proches, ou loin des côtes en haute mer

White-tailed Tropicbird

All white bird with a bright yellow bill and extremely long central tail feathers. More common and seen more often than the Red-tailed Tropicbird (opposite). Differs by having a yellow (not red) bill, black stripes on upperwings and black wing tips. Immature shows black barring on upperparts and is similar to immature Red-tailed Tropicbird, but has a yellowish (not black) bill. Occurs throughout the region, flying frequently over its breeding island, where it nests in crevices on cliffs and trees. An endemic golden form is found on Europa.

Phaéton à queue blanche

Oiseau au plumage entièrement blanc, au bec jaune vif et aux rectrices centrales très longues. Plus commun et plus fréquemment observé que le Phaéton à queue rouge (ci-contre). Diffère par son bec jaune (et non rouge), les stries noires au niveau des sus-alaires et les rémiges noires. L'immature a les parties supérieures striées de noir. Il est similaire à l'immature de Phaéton à queue rouge mais a le bec jaunâtre et non noir. Présent dans toute la région, volant fréquemment au-dessus de l'île où il se reproduit. Niche dans des crevasses, dans des falaises ou des cavités d'arbres. Une forme endémique de teinte dorée existe à Europa.

Greater Frigatebird

An enormous seabird with a flight silhouette resembling that of an extinct Pterodactyl. Has very long, thin wings held 'kinked' at the wrist of the wing. Extra-long, deeply forked tail, which is usually held closed and appears pointed. Male is all black, with a red throat patch which is inflated to resemble a large red balloon when displaying. Female and immature have varying amounts of white on the head and breast. Buoyant and graceful in flight, remaining aloft and gliding on thermals for hours. Chases other seabirds to rob them of their food. Common on a few islands, with large colonies on Aldabra, but can be seen at any time throughout the region.

♂

Frégate du Pacifique

Enorme oiseau pélagique avec une silhouette en vol évoquant celle d'un ptérodactyle. A les ailes très longues, étroites et très coudées. Queue très longue et fortement échancrée, mais les rectrices sont souvent tenues serrées et la queue apparaît pointue. Le mâle est noir, avec une poche écarlate au niveau de la gorge qui se gonfle comme un grand ballon rouge au cours des parades nuptiales. La femelle et l'immature ont des tâches blanches de tailles variables sur la tête et la poitrine. Vol élastique et gracieux. Plane souvent très haut et se laisse porter par les ascendances thermiques pendant des heures. Harcèle d'autres espèces pour leur dérober leur nourriture. Commune sur quelques îles de la zone considérée, avec de grandes colonies établies sur Aldabra, mais peut être observée à tout moment dans toute la région.

♀

white phase/phase blanche

dark phase/phase sombre

Red-footed Booby

Plumage colour is variable in this gannet-like seabird. Two distinct adult plumages occur: overall dark brown with a white tail, which is the most common, and all white with black wing tips. Many intermediate colours occur, from all dark brown juveniles to a mixture of variable brown and white. Legs and feet in young birds are pinkish-blue, and bright crimson red in adults. The commonest booby in the region. Most often seen at sea accompanying ships to feed on flying fish disturbed by the ship's presence. Large breeding colonies are found on various islands in the region.

Fou à pieds rouges

La couleur du plumage est variable pour cet oiseau pélagique. Deux phases distinctes se rencontrent chez l'adulte : entièrement brun sombre avec la queue blanche, le plumage le plus commun, et entièrement blanc avec les rémiges noires. Il y a plusieurs couleurs intermédiaires, de l'entièrement brun sombre chez les immatures à un mélange de brun variable et de blanc. Les pattes et les palmures sont d'une couleur bleu rosâtre chez l'immature, et rouge vif chez l'adulte. Le fou le plus commun de la région. Observé le plus souvent en mer, escortant les bateaux pour se nourrir des poissons volants dérangés par la progression des navires. De grandes colonies établies dans différentes îles de la région.

13

Reed Cormorant

A small, short-billed cormorant which might be confused with the much larger African Darter (opposite). Differs by lacking that species' very long, thin neck and long, pointed bill. Adults are all dark; immatures have a white breast. At close range the orange-red face and bold, scaly pattern on the back are noticeable. Has a short crest which can be raised and flattened. Breeds in colonies, sometimes with African Darters and egrets. In the region, confined to Madagascar, where it can be seen on variable-sized wetlands and large rivers.

Cormoran africain

Petit cormoran à bec court, ne pouvant être confondu qu'avec l'Anhinga d'Afrique (ci-contre) qui est cependant de plus grande taille. Ce cormoran n'a pas le très long cou mince de l'Anhinga ni le long bec pointu. Les adultes sont entièrement sombres et les immatures ont la poitrine blanche. De près, on remarque la face rouge orangé, et comme de grands motifs écailleux sur le dos. A une courte huppe qui peut être érigée ou aplatie. Niche en colonies, parfois avec des Anhingas d'Afrique et des aigrettes. Dans la région, distribution restreinte à Madagascar, où l'espèce peut être vue dans des zones humides de différentes tailles et le long des grands cours d'eau.

African Darter

Much larger than Reed Cormorant (opposite), with which it might be confused. Differs in its long, pointed bill, long and thin neck, and much longer, fan-shaped tail. Juvenile shows an all white head and neck. Often called 'the Snakebird' because of its habit of swimming with its body submerged and its neck, head and beak held above the water in a snake-like manner. Regularly soars to great heights when travelling between wetlands, with neck held retracted, but long and rounded tail very noticeable. In the region, confined to Madagascar, where it is fairly common on various kinds of wetlands and large rivers.

Anhinga d'Afrique

Oiseau beaucoup plus grand que le Cormoran africain (ci-contre), avec lequel il peut être confondu. Diffère par son long bec pointu, son cou allongé et mince, et sa queue en éventail beaucoup plus longue. Le juvénile a la tête et le cou entièrement blancs. Souvent appelé « l'oiseau-serpent », car il nage presque complètement immergé, avec seuls le cou, la tête et le bec hors de l'eau, évoquant un serpent. Plane fréquemment très haut lorsqu'il se déplace d'une zone humide à l'autre, avec le cou rétracté mais la longue queue arrondie bien caractéristique. Dans la région, espèce restreinte à Madagascar, où elle est assez commune dans toutes sortes de zones humides et le long des grands cours d'eau.

Black-crowned Night-Heron
A small grey heron with a black cap and back. Juvenile might be confused with juvenile Madagascar Pond Heron (p. 18) or Squacco Heron (opposite), but is much larger and lacks white wings. Juvenile Green-backed Heron (p. 22) is similar, but smaller and much darker overall. Usually seen hunched up and sleeping during the day in secluded, shady trees or thick reed beds. Will fly around during daylight when disturbed, but usually ventures forth only at dusk to feed during darkness. Fairly common in the region. Confined to Madagascar in larger wetlands, and is a vagrant to other islands.

Héron bihoreau à calotte noire
Petit héron gris avec calotte et dos noirs. Le juvénile peut être confondu avec le juvénile du Héron crabier blanc (p. 18) ou du Héron crabier chevelu (ci-contre), mais il est plus grand que ceux-ci et n'a pas les ailes blanches. Le juvénile du Héron à dos vert (p. 22) est similaire, mais en plus petit et en plus sombre. Généralement observé prostré et endormi pendant la journée, dans le couvert végétal dense et isolé d'arbres ou de roselières. S'envole durant le jour s'il est dérangé, mais généralement ne sort qu'à la tombée de la nuit pour se nourrir. Assez commun dans la région. Cantonné aux grandes zones humides à Madagascar, visiteur occasionnel sur les autres îles.

breeding/nicheur

non-breeding/non nicheur

Squacco Heron

Adult in breeding plumage is a uniform buff colour with a streaky crest. In non-breeding, has a greater extent of streaking all over. Juvenile is very similar to juvenile Madagascar Pond Heron (p. 18), and easily confused with it. Squacco juvenile is paler and less heavily blotched with dark brown; subtler difference is the thinner bill and smaller, more slender body shape with a more slender-necked appearance. Common in a variety of wetlands, mainly on Madagascar, but also the Comoros and Seychelles.

Héron crabier chevelu

L'adulte en plumage nuptial est de couleur chamois avec une crête de plumes liserées de noir. En plumage non nuptial, fortement strié sur tout le corps. Le juvénile est très similaire au juvénile du Héron crabier blanc (p. 18) avec qui il peut être facilement confondu. Le juvénile du Héron crabier chevelu est plus pâle et moins fortement marbré de brun sombre. Des différences plus subtiles portent sur le bec plus petit et plus fin, une forme de corps plus élancée avec un cou d'apparence plus fine. Commun dans plusieurs types de zones humides à Madagascar, mais également aux Comores et aux Seychelles.

Madagascar Pond Heron

Adult in breeding plumage is a creamy, ivory white all over with a black-tipped, cobalt-blue bill. Non-breeding adult and juvenile are difficult to tell apart from juvenile Squacco Heron (p. 17), but are larger overall and much darker, with more heavily streaked and blotched markings. They also have a more robust and thicker-based bill, and are stockier, with a thick-necked appearance. Confined to wetlands and coastal estuaries. Breeds only on Madagascar, Aldabra and Europa. Also found on the Comoros and Seychelles on migration to Africa.

Héron crabier blanc

L'adulte en plumage nuptial est entièrement de couleur ivoire, avec un bec bleu cobalt à pointe noire. Le juvénile et l'adulte en plumage non nuptial sont difficiles à différencier du juvénile de Héron crabier chevelu (p. 17), mais sont en général plus grands et plus sombres et plus fortement striés et ponctués. Ils ont également le bec plus robuste à la base plus épaisse, sont d'aspect plus massif et le cou d'apparence plus épaisse. Restreint aux zones humides et aux estuaires. Niche uniquement à Madagascar, à Aldabra et à Europa. Observé également aux Comores et aux Seychelles lorsqu'il migre vers l'Afrique.

Cattle Egret

Adult in breeding plumage cannot be confused with any other white egret due to buff crown, back and breast. Noticeably smaller than Great White Egret (p. 20), with a much shorter and thicker neck. Stockier and more robust than Dimorphic Egret (p. 21), and lacks the combination of dark legs and yellow toes. Breeds in wetland areas but feeds in open, drier areas. Any egret seen alongside livestock is this species. Common on Madagascar, the Seychelles and the Comoros. Less common and is a vagrant on other islands in the region.

Héron garde-bœufs

L'adulte en plumage nuptial ne peut être confondu avec aucun autre héron blanc par la couleur chamois de la crête, du dos et de la poitrine. Bien plus petit que la Grande Aigrette (p. 20), avec le cou beaucoup plus court et plus épais. Plus massif et plus robuste que l'Aigrette dimorphe (p. 21), et n'a pas la combinaison des pattes sombres et des doigts jaunes de cette dernière. Niche dans les zones humides mais se nourrit dans les zones ouvertes plus sèches. Toute aigrette observée près du bétail est forcément de cette espèce. Commune à Madagascar, aux Seychelles et aux Comores. Espèce moins commune ou visiteur occasionnel sur les autres îles de la région.

Great White Egret

The largest of the white egrets, with a much longer and more slender neck than Cattle Egret (p. 19). Differs from Dimorphic Egret (opposite) by lacking yellow toes, but is much taller and has a larger, dagger-shaped yellow bill which is black for a short period when breeding. In flight, differs from other white egrets by its more ponderous and slower wing beats, with its long black legs and feet projecting well beyond the tail. Confined to wetlands and coastal areas. Common on Madagascar and the Comoros, but a vagrant to other islands.

Grande aigrette

Le plus grand des hérons blancs, avec un cou beaucoup plus long et plus fin que celui du Héron garde-bœufs (p. 19). Contrairement à l'Aigrette dimorphe (ci-contre), elle n'a pas les doigts jaunes, mais est beaucoup plus grande et a un bec jaune en forme de poignard, qui devient noir pendant une courte période au cours de la reproduction. En vol, diffère des autres hérons blancs par des battements d'ailes plus amples et plus lents, et ses longues pattes et doigts noirs dépassant largement la queue. Restreinte aux zones humides et côtières. Commune à Madagascar et aux Comores, mais visiteur occasionnel sur les autres îles.

Dimorphic Egret

Occurs in a white and dark phase. White
phase differs from Cattle Egret (p. 19)
and Great White Egret (opposite) by
having a combination of black or green
legs with yellow toes. Much smaller than
Great White Egret and differs further
from this species and Cattle Egret by
having a dark (not yellow) bill. Dark
phase is variable from slaty-grey to almost
totally black, and sometimes shows a
black-and-white mottled plumage.
Occurs in a wide range of freshwater
wetlands and coastal areas. Common on
Madagascar and the southern Seychelles,
but is a vagrant to other islands.

white phase/phase blanche

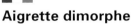

Aigrette dimorphe

Espèce présentant deux phases, l'une
noire et l'autre blanche. La phase blanche
diffère du Héron garde-bœufs (p. 19) et
de la Grande aigrette (ci-contre) par la
combinaison des pattes noires ou vertes
avec des doigts jaunes. Beaucoup plus
petite que la Grande Aigrette et diffère
également de cette espèce et du Héron
garde-bœufs par son bec sombre (et non
jaune). La phase sombre varie du gris
ardoise au presque entièrement noir, avec
parfois un plumage moucheté noir et
blanc. Fréquente toutes sortes de zones
humides et côtières. Commune à
Madagascar et dans le sud des Seychelles,
mais visiteur occasionnel sur les
autres îles.

dark phase/phase sombre

Green-backed Heron

A small heron with a dark green back, greyish underparts and bright orange-yellow legs and feet. The black cap can be raised into a crest. Juvenile resembles juvenile Black-crowned Night-Heron (p. 16), but is tiny in comparison. Usually seen singly, feeding on rocky shores, open mudflats, and mangroves, or in dense reed beds and alongside sluggish rivers. Gives a sharp and loud 'braaek' when startled. Common on most islands throughout the region.

Héron à dos vert

Petit héron au dos vert sombre, aux parties inférieures grisâtres et aux pattes et aux doigts jaune orangé. La calotte noire peut être érigée en crête. Le juvénile ressemble au juvénile du Héron bihoreau à calotte noire (p. 16), mais est minuscule en comparaison. Souvent observé solitaire, se nourrissant le long des rivages rocheux, dans les zones de vase et les mangroves, dans les roselières denses et le long de lents cours d'eau. Emet une sorte de 'braaek' aigu et sonore quand il est dérangé. Commun sur la plupart des îles de la région.

Grey Heron

Unmistakeable large, grey bird with very long legs. At close range shows a yellow bill and black head markings extending to a wispy, black crest. Juvenile lacks the black head markings and crest, and is duller grey and less contrasting all over. Frequents a wide range of wetlands, from coastal areas to large rivers and marshes. Feeds by wading in water and remaining motionless before stabbing at fish with its huge bill. The most frequently seen heron in the region. Common on Madagascar, the Comoros and Seychelles. Vagrant to the Mascarenes.

Héron cendré

Grand oiseau gris à très longues pattes, difficile à confondre avec une autre espèce. De près, on remarque le bec jaune et les marques noires sur la tête se terminant par une huppe noire et fine. Le juvénile n'a pas les marques noires sur la tête et la huppe, et a un plumage généralement d'un gris plus terne et moins contrasté. Fréquente toutes sortes de zones humides, des zones côtières aux grands cours d'eau et marais. Se nourrit en pêchant à l'affût dans l'eau peu profonde et capture ses proies de son énorme bec. Le héron le plus fréquemment observé dans la région. Espèce commune à Madagascar, aux Comores et aux Seychelles. Visiteur occasionnel aux Mascareignes.

adult/adulte

Purple Heron

Smaller than Grey Heron (p. 23) and much darker overall. The black-striped rufous head and neck and dark grey wings are distinctive. Juvenile is duller, with less well-marked head stripes and brown (not grey) back. Flight is more buoyant than large herons, with long legs and toes extending well beyond tail tip. On the ground the head and neck appear slender and pointed in profile. Call is a hoarse 'kraaark'. Found on wetlands, typically among sedges and reeds; seldom forages in the open. Within the region, confined to Madagascar, where it is common.

Héron pourpré

Espèce plus petite que le Héron cendré (p. 23) et au plumage général plus sombre. La tête et le cou roux rayés de noir, ainsi que les ailes gris sombre sont caractéristiques. Le juvénile est plus terne, les rayures sur la tête sont plus diffuses et le dos est brun et non pas gris. Le vol est plus élastique que celui des grands hérons, avec les longues pattes et les doigts dépassant loin derrière la queue. Au sol, la tête et le cou apparaissent fins et de profil pointus. Le cri est un 'krêêêrk' rauque. Fréquente les zones humides, typiquement dans les roseaux et les phragmites. Il cherche rarement sa nourriture dans les zones ouvertes. Dans la zone considérée, espèce limitée à Madagascar, où elle est commune.

immature

Hamerkop

Unusual wading bird with an unmistakeable hammer-shaped head created by its flattened bill and long crest. In flight, resembles a bird of prey but the long thin legs projecting beyond the tail should rule out confusion. Occurs in variable wetlands, usually in rice fields and adjoining marshes. Builds a huge rotund nest. Sometimes very noisy, with several birds calling and wing flapping together. In the region, confined to Madagascar, where it is fairly common in most parts.

Ombrette

Echassier d'apparence singulière avec une tête caractéristique à la forme de marteau formée par la combinaison d'un bec aplati et d'une longue crête. En vol, ressemble à un rapace mais ses longues pattes minces dépassant du bout de la queue évitent toute confusion. Fréquente différentes zones humides, généralement des rizières et des marais adjacents. Construit un énorme nid sphérique. Espèce bruyante, lors de la rencontre entre plusieurs individus qui se mettent alors à crier et battre des ailes. Dans la région espèce restreinte à Madagascar où elle est assez commune un peu partout.

Greater Flamingo

An unmistakeable large, pink and white bird with very long, red legs. Immature is a dowdy grey and white, with a dark-tipped, pale grey bill. When feeding, it lowers the long neck, dips its bill into the water and swings it from side to side. With this motion it pumps water through the bill and filters its food via comb-like structures lining the bill. In flight, deep red forewings contrast with black flight feathers. Frequents brackish coastal lagoons, salt lakes and estuaries. Breeds on Madagascar and Aldabra, and is a vagrant to some other islands.

Flamant rose

Grand oiseau rose et blanc, aux très longues pattes rouges, difficile à confondre avec une autre espèce. L'immature a un plumage blanc et gris terne avec un bec gris pâle à pointe noire. Quand il se nourrit, il abaisse son long cou et promène son bec sous la surface de l'eau. Ainsi, il pompe l'eau et filtre sa nourriture à travers des structures en peigne disposées dans son bec. En vol, l'avant des ailes rouge contraste avec les rémiges noires. Fréquente les lagunes côtières d'eau saumâtre, les lacs salés et les estuaires. Cette espèce niche à Madagascar et à Aldabra, et est un visiteur occasionnel sur les autres îles.

Fulvous Duck

Similar in shape and size to White-faced
Duck (p. 28), but lacks that species'
white face surrounded by black. Further
differs by having obvious black-and-
white striped flanks and, in flight, a
white (not dark) rump. The rufous
head should rule out confusion with
dark-headed immature and stained
White-faced Duck. Found chiefly in
freshwater wetlands and more rarely on
the coast. Occurs in small flocks, often
in the company of White-faced Ducks.
In the region, confined to Madagascar,
where it is locally common.

Dendrocygne fauve

Similaire en silhouette et en taille au
Dendrocygne veuf (p. 28), mais
contrairement à cette espèce, n'a pas
la face blanche encadrée de noir. Il a
également très visiblement les flancs rayés
noir et blanc et en vol, le croupion
apparaît blanc et non sombre. La couleur
rousse de la tête permet d'éviter toute
confusion avec l'immature du
Dendrocygne veuf qui a la tête sombre ou
avec l'adulte qui est tacheté. Fréquente
principalement les zones humides d'eau
douce et plus rarement les zones côtières.
Observé au sein de petits groupes,
souvent avec des Dendrocygnes veufs.
Dans la région, restreint à Madagascar,
où l'espèce est localement commune.

White-faced Duck

Some White-faced Ducks can have stained and dark-coloured faces, but lack the overall rufous colour and heavy, black-and-white stripes on the flanks of Fulvous Duck (p. 27). Juvenile has a greyish (not rufous) face. In flight, shows a dark (not white) rump. Sometimes occurs in large flocks, often in the company of Fulvous Duck and Red-billed Teal (p. 31). Three-note whistles are diagnostic of this species. Found in a wide range of wetlands, both freshwater and coastal. In the region, confined to Madagascar, where it is common.

Dendrocygne veuf

Certains Dendrocygnes veufs peuvent avoir la face tachetée ou sombre, mais n'ont pas la teinte générale rousse et les rayures noir et blanc bien marquées sur les flancs comme chez le Dendrocygne fauve (p. 27). Le juvénile a la face grisâtre et non rousse. En vol, le croupion apparaît sombre et non pas blanc. Observé parfois au sein de grands groupes, souvent en compagnie de Dendrocygnes fauves et de Canards à bec rouge (p. 31). Le cri trisyllabique est caractéristique de cette espèce. Fréquente toutes sortes de zones humides, à la fois d'eau douce et saumâtre. Dans la région, espèce restreinte à Madagascar où elle est commune.

Comb Duck

The largest and only black-and-white duck in the region. Male is larger than female and displays a large, black disc on the bill before and during the breeding season. Disc is much reduced when not breeding. Female and immature have contrasting black-and-white plumage and are unmistakeable. Found in small groups, mixed with other duck species. Occurs in a variable mixture of wetlands, but mostly in freshwater. Unusual for a duck, this species nests in large holes in trees. In the region, confined to Madagascar, where it is fairly common.

Canard à bosse

Le plus grand canard de la région, et le seul qui soit noir et blanc. Le mâle est plus grand que la femelle et a un grand disque noir sur le bec avant et pendant la période de reproduction. Le disque est beaucoup plus réduit en dehors de la période de reproduction. La femelle et l'immature ont le plumage noir et blanc bien contrasté et ne peuvent être confondus avec aucune autre espèce. Fréquente différentes zones humides, mais généralement d'eau douce. Fait inhabituel pour un canard, cette espèce niche dans des grandes cavités d'arbre. Dans la région, espèce restreinte à Madagascar, où elle est assez commune.

White-backed Duck

This small duck is difficult to see when hidden in its habitat of emergent aquatic vegetation. The mottled brownish coloration blends well with the underside of a water lily leaf, making it virtually invisible, especially in windy conditions. Pale spot at the bill's base is diagnostic. White lower back and rump are very rarely seen as it is reluctant to take flight, preferring to dive. Usually silent, but has a soft whistled 'tsooeee'. Chiefly confined to the coastal wetlands of Madagascar, where it is uncommon.

Erismature à dos blanc

Ce petit canard est difficile à voir lorsqu'il est caché au sein de la végétation aquatique flottante qui constitue son habitat de prédilection. Le plumage brunâtre et moucheté se confond avec la face inférieure des feuilles de nénuphar, le rendant pratiquement invisible, en particulier lorsqu'il y a du vent. La tâche pâle à la base du bec est caractéristique. Le dessus du dos et le croupion blancs sont rarement visibles, car ce canard hésite à s'envoler et préfère plonger. Généralement silencieux, mais émet un 'tsoouiii' doux et sifflé. Dans la région, espèce principalement restreinte aux zones humides côtières de Madagascar, où elle est peu commune.

Red-billed Teal

Pinkish bill and dark brown cap are diagnostic, ruling out confusion with any other duck. Immature is a duller version of the adult and has dusky (not white) cheek patches. In flight, shows buffy-white wing patches and has a hissing whistle and quacking call notes. Occurs in virtually every kind of wetland, from saline coastal lagoons to large rivers, rice paddies and marshes. In the region, confined to Madagascar, where it is the most common and frequently seen duck.

Canard à bec rouge

Les traits caractéristiques sont le bec rosâtre et la calotte brun sombre, qui permettent d'éviter toute confusion avec une autre espèce de canard. L'immature est une version plus terne de l'adulte et les taches sur la joue sont sombres (et non blanches). En vol, on remarque les barres alaires chamois. Emet un sifflement et cancane. Fréquente à peu près toutes les sortes de zones humides, des lagunes côtières salées aux grands cours d'eau, les rizières et les marais. Dans la région espèce restreinte à Madagascar, où c'est le canard le plus commun et le plus fréquemment observé.

♂

African Pygmy Goose

Not a true goose; an unusual, very small duck with brightly coloured plumage. Unmistakeable, with orange breast and flanks contrasting with a dark green back. The male has a white face with silky green ear patches, which the female lacks. In its rapid wing beat flight it shows small, white square wing patches. Prefers lily-covered wetlands, where it is well camouflaged among the floating vegetation. In the region, confined to Madagascar, where it is locally common, especially in the west.

Anserelle naine

Espèce singulière, très petit canard au plumage coloré. Impossible à confondre avec une autre espèce, les flancs et la poitrine sont oranges contrastant avec le dos vert sombre. Le mâle a la face blanche, avec une tache vert émeraude de chaque côté de la tête, absente chez la femelle. Au vol, les battements d'ailes rapides révèlent de petits miroirs alaires carrés blancs. Cette espèce affectionne les zones humides couvertes de nénuphars, où elle se camoufle dans la végétation flottante. Dans la région, espèce restreinte à Madagascar, où elle est localement commune surtout à l'ouest.

Yellow-billed Kite

A large, dark-coloured bird of prey. Unmistakeable, with bright yellow bill, long angled wings and long, shallowly forked tail (which is often twisted from horizontal to vertical). Immature has a black bill. Most often seen patrolling roads for food in the form of 'road kills' or soaring on thermals. Often gathers in large numbers around grassland and bush fires, hunting for fleeing small wildlife. Common and widespread on Madagascar and the Comoros. Vagrant to the Seychelles.

Milan noir à bec jaune

Grand rapace de couleur sombre. Impossible à confondre avec une autre espèce, avec un bec jaune vif, des longues ailes coudées et une queue légèrement fourchue, qui passe souvent d'une contorsion d'une position horizontale à une position verticale. L'immature a le bec noir. Observé la plupart du temps maraudant au-dessus des routes pour trouver des animaux écrasés ou profitant des ascendances thermiques pour planer. Se rassemble souvent en grand nombre à proximité des zones herbeuses ou à l'occasion de feux de brousse, pour chasser les petits animaux fuyant les lieux. Espèce commune et répandue à Madagascar et aux Comores et visiteur occasionnel aux Seychelles.

33

immature

Madagascar Fish Eagle

Unmistakeable by its large size, and white head and tail. Immature lacks the white head and tail, but huge size and long, rectangular wings help identification. Has a loud yelping call, similar to the African Fish Eagle. Endemic to Madagascar, where it is the largest bird of prey. Rare and endangered in western Madagascar, but sighting virtually guaranteed at Ampijoroa, near Mahajanga, or the islets around Nosy Be. About 100 breeding pairs of this critically endangered bird still exist but are thought to be declining.

Pygargue de Madagascar

Difficile à confondre avec une autre espèce de par sa grande taille et sa tête et sa queue blanches. L'immature n'a pas la tête et la queue blanches mais l'énorme taille et les longues ailes rectangulaires permettent l'identification. Le cri est un glapissement sonore, similaire à celui du Pygargue africain. Endémique à Madagascar, où c'est le plus grand rapace. Espèce rare et menacée cantonnée à l'ouest de Madagascar, mais l'observation est pratiquement garantie à Ampijoroa, près de Mahajanga, ou sur les îlots près de Nosy Be. Il reste encore près de 100 couples reproducteurs de cet oiseau en danger critique d'extinction, mais la population est en déclin.

♀

♂

Frances's Sparrowhawk

Might be confused with Madagascar Kestrel (p. 37), but this has darker, spotted (not pale) finely barred or heavily barred underparts and pointed (not rounded) wings. Has dark grey upperparts and pale (almost white on the Comoro birds) underparts. At close range pale rufous barring on the breast can be seen. Female is larger than male, has dark brown upperparts and pale, heavily barred dark brown underparts. Flight action is rapid and direct. Endemic to the region. Common and widespread in a varied forest and woodland habitat. The most frequently seen small hawk on Madagascar and the Comoros.

Epervier de Frances

Peut être confondu avec le Faucon de Newton (p. 37), mais ce dernier a les parties inférieures du corps plus sombres, tachetées (et non pâles), finement ou fortement rayées, et les ailes pointues (et non arrondies). Chez cette espèce, les parties supérieures sont gris sombre et les parties inférieures pâles (presque blanches pour les oiseaux aux Comores). De près, on remarque les fines rayures rousses de la poitrine. La femelle est plus grande que le mâle, a les parties supérieures brun sombre et les parties inférieures de couleur pâle et fortement rayées de brun sombre. Le vol est rapide et direct. Espèce commune et répandue dans divers habitats de forêts et de zones boisées. Le petit épervier le plus fréquemment observé à Madagascar et aux Comores.

35

Madagascar Buzzard

A medium-sized bird of prey. Plumage is variable, but dark brown upperparts and paler underparts are most common, with a broad pale band across the breast. In flight, the wings are broad and long with heavy barring; the tail is shortish and finely barred. Call is a drawn out, high-pitched 'pee-uuuu'. Like the Yellow-billed Kite (p. 33), can be seen patrolling roads or soaring high on thermals. Endemic to Madagascar, where it is fairly common in varied wooded habitats.

Buse de Madagascar

Rapace de taille moyenne. Le plumage est variable mais le plus commun présente des parties supérieures brun sombre et des parties inférieures plus pâles, avec une large bande claire sur la poitrine. En vol, les ailes sont longues et larges et fortement rayées; la queue est assez courte et légèrement rayée. Le cri est une sorte de 'piiouuuuuu' aigu et plaintif. Tout comme le Milan noir à bec jaune (p. 33), cette espèce peut être observée le long des routes ou planant haut en profitant des ascendances thermiques. Espèce endémique à Madagascar, où elle est assez commune dans divers types d'habitats boisés.

pale phase/phase claire

Madagascar Kestrel

Plumage is variable and occurs in a dark, pale and rufous phase, the last being the least common. General coloration of upperparts is rich rufous, heavily barred with dark brown. Underparts vary from rufous to pale cream, heavily spotted with brown. Typical falcon-like shape, with long, narrow pointed wings and a long tail. Frequently seen resting on telephone lines and poles. The only small bird of prey on Madagascar and the Comoros that hovers regularly. Endemic to the region. Common and widespread on Madagascar, and less common on Aldabra.

Faucon de Newton

Le plumage est variable et présente des phases sombre, pâle et rousse, cette dernière étant la plus rare. Les parties supérieures sont roux vif et fortement rayées de brun sombre. Les parties inférieures varient du roux au crème, richement tachetées de brun. Silhouette typique de faucon, avec de longues ailes étroites et pointues et une longue queue. Fréquemment observé posé sur les lignes et les poteaux électriques. Le seul petit rapace à Madagascar et aux Comores qui pratique le vol sur place. Espèce commune et largement distribuée à Madagascar et moins commune à Aldabra.

Mauritius Kestrel

Male slightly smaller than female, with a more contrasted plumage: rufous upperparts, pure white throat, and white underparts with large dark blotches. Usually solitary except during breeding season. Soars occasionally over its territory and rarely hovers. Endemic to Mauritius. Occurs in the rare rainforest remnants in the south-west as well as in secondary forests in other parts of the island, where it has been introduced. The only small falcon found on Mauritius. Brought back from extinction as a result of a captive breeding programme and successful reintroduction initiative. Four individuals survived in the wild in 1974; close to 800 birds are found today.

Crécerelle de Maurice

Le mâle est légèrement plus petit que la femelle et son plumage plus contrasté : parties supérieures rousses, gorge d'un blanc pur et parties inférieures blanches marquées de grandes tâches sombres. Généralement solitaire sauf pendant la période de reproduction. Plane parfois au-dessus de son territoire mais pratique rarement le vol sur place. Endémique à l'île Maurice. Fréquente le peu qui reste des forêts pluviales du sud-ouest ainsi que les forêts secondaires dans d'autres parties de l'île, où il a été introduit. Le seul petit faucon présent sur l'île. A échappé à l'extinction grâce à un programme de reproduction en captivité et une initiative de réintroduction réussie. En 1974, il ne restait que 4 individus dans la nature contre 800 oiseaux aujourd'hui.

Seychelles Kestrel

Very small falcon with distinctive slate-grey casque, deep chestnut upperparts, wings marked with black blotches, and buff underparts. Female differs by larger size and paler plumage overall. Perches on unconcealed vantage points and dives down to catch prey. Flight consists of energetic wing beats alternated with gliding. Soars above its territory. Call is typical of a kestrel: a succession of high-pitched staccato notes. Endemic to the granitic Seychelles, where it is the only resident falcon. Occurs in native forest, secondary growth, tree plantations, parks, and gardens. Common on Mahé; less so on the other islands.

Crécerelle des Seychelles

Faucon de très petite taille au casque caractéristique gris ardoise, aux parties supérieures marron sombre, aux ailes marquées de tâches noires et aux parties inférieures couleur chamois. La femelle diffère du mâle par sa plus grande taille et par un plumage plus pâle. Se perche sur des postes d'observation exposés d'où il fond sur sa proie. Le vol consiste en de vigoureux battements d'ailes alternés par des phases de vol plané. Plane au-dessus de son territoire. Le cri est typique : une succession de notes aiguës émises en staccato. Endémique des Seychelles granitiques et seul faucon résident. Fréquente la forêt naturelle, les forêts secondaires, les plantations arborées, les parcs et les jardins. Commun à Mahé, mais plus rare sur les autres îles.

White-breasted Mesite

This small, ground-dwelling bird is unmistakeable with its creamy-white, heavily spotted underparts, long tapered tail, short decurved bill, and broadly cream and russet striped head and neck. Immature is a duller version of the adult. Usually occurs in pairs. Breeding pairs frequently call in a duet, with bobbing heads and tails. Endemic to Madagascar. Localized to a few sites, but not uncommon. Most frequently seen in the dry forests at Ampijoroa. This species is listed as Vulnerable as a result of its fast disappearing habitat.

Mésite variée

Cette petite espèce terrestre, impossible à confondre avec une autre est caractérisée par des parties inférieures de couleur crème fortement tachetées, une longue queue fuselée, un bec court légèrement arqué et le cou et la tête marqués de bandes de couleur crème et brun roux. L'immature est une version terne de l'adulte. Généralement observé en couple. Les couples reproducteurs émettent souvent leur chant en duo, en hochant la tête et la queue. Espèce endémique à Madagascar, localisée à quelques sites où elle est assez commune. Observée le plus facilement dans les forêts sèches d'Ampijoroa. L'espèce est classée Vulnérable à cause de sa distribution géographique fragmentée.

Subdesert Mesite

The long slender body, tapered tail, short legs, and long decurved bill make this bird's outline unmistakeable. General coloration is grey above and white below with large black spotting. Legs are reddish, as is base of bill. Occurs in small family groups of three to five. When flushed they will fly into a tree, where they freeze with head down and tail pointing up, appearing like a branch or leaf. Localized but common, especially in the semi-arid scrub of south-west Madagascar. Most easily seen at Ifaty, north of Toliara (Tuléar). This endemic species is listed as Vulnerable as a result of its limited geographical distribution.

Monias de Bensch

Sa silhouette particulière caractérisée par un long corps élancé, la queue fuselée, des pattes courtes et un long bec arqué. La teinte générale est grise dessus et blanche avec de grosses taches noires dessous. Les pattes sont rougeâtres, ainsi que la base du bec. Observé en petits groupes familiaux de trois à cinq individus. Lorsqu'ils sont dérangés, ils s'envolent dans un arbre où ils se figeront avec la tête baissée et la queue dressée, tentant de ressembler à une branche ou à une feuille. Espèce localisée mais commune, notamment dans le bush semi aride du sud-ouest de Madagascar. Observée facilement à Ifaty, au nord de Toliara (Tuléar). Cette espèce endémique est classée comme Vulnérable du fait de sa distribution géographique limitée.

African Purple Swamphen (Purple Gallinule)

This chicken-sized marsh bird is unmistakeable with its brilliant purple, blue and green plumage, and bright red bill and legs. Immature is much duller than adult, being greyer overall with a brownish bill and legs. Immature might be mistaken for immature Common Moorhen (p. 44), which frequents the same habitat but is much larger. Occurs in a variety of freshwater and saline wetlands, but needs lots of reed beds and other aquatic vegetation to hide in. In the region confined to Madagascar, where it is locally common.

Poule sultane

Cet oiseau des marais de la taille d'une poule est impossible à confondre avec une autre espèce par son brillant plumage bleu et vert et son bec et ses pattes rouge vif. L'immature est plus terne que l'adulte, d'une teinte générale plus grise et avec un bec et des pattes brunâtres. L'immature de la Poule sultane peut être confondu avec l'immature de la Poule d'eau commune (p. 44), qui fréquente le même habitat, mais dont il se distingue par une taille supérieure. Fréquente divers types de zones humides d'eau douce et salée, mais a besoin de beaucoup de roselières ou d'autres types de végétation aquatique pour se cacher. Dans la région, espèce restreinte à Madagascar, où elle est localement commune.

Red-knobbed (Crested) Coot

A black, duck-like bird with a white bill and frontal shield. The red knobs at the top of the white frontal shield swell markedly during breeding season but are otherwise small, shrunken and hardly noticeable. Juvenile is dull greyish-brown wih a paler face and throat, and lacks white undertail coverts of smaller juvenile Common Moorhen (p. 44). Call is a harsh, metallic 'claak'. Frequents dams, lakes and virtually any wetland except fast-flowing rivers. Common in some areas of Madagascar.

Foulque à crêtes

Oiseau noir plongeur au bec et à la plaque frontale blancs. Les tubercules rouges au sommet de la plaque frontale se gonflent de manière remarquable pendant la période de reproduction, mais sont sinon petits, atrophiés et de fait peu apparents. Le juvénile est d'un brun grisâtre terne avec la face et la gorge plus pâles et n'a pas les sous-caudales blanches comme le juvénile de la Poule d'eau commune (p. 44) par ailleurs plus petit. Le cri est un 'claak' rauque et métallique. Fréquente les barrages, les lacs et à peu près tous les types de zones humides à l'exception des rivières au cours rapide. Espèce commune dans quelques zones de Madagascar.

Common Moorhen

Much smaller than African Purple Swamphen (p. 42), and is matt blackish in colour (not greyish-blue) thereby causing little confusion between these two species. Immature is a duller version of the adult, greyish overall, and very much smaller than immature African Purple Swamphen. Swims frequently, with tail held upright and flicked, showing off the white undertail. Frequents a wide variety of wetlands, from coastal lagoons to freshwater lakes and rice paddies, along with the African Purple Swamphen. Occurs commonly on Madagascar and the Seychelles.

Poule d'eau commune

Beaucoup plus petite que la Poule sultane (p. 42), d'une couleur noirâtre mat ce qui permet de différencier les deux espèces. L'immature est une version terne de l'adulte, d'une teinte générale grisâtre, et beaucoup plus petit que l'immature de la Poule sultane. Nage souvent avec la queue dressée, ce qui révèle les sous-caudales blanches. Fréquente toutes sortes de zones humides, des lagunes côtières aux lacs d'eau douce et rizières, comme la Poule sultane. Dans la région, espèce distribuée à Madagascar et aux Seychelles où elle est commune.

Black-winged Stilt

This black-and-white wading bird with extra-long pinkish legs is unmistakeable. Immature has the black replaced with dark brown, dusky-brown hind neck and nape, and dull, pinkish-brown legs. In flight, the white head and body contrasting with jet black back and wings, and extra-long legs projecting way beyond the tail tip are diagnostic. Feeds by wading in both deep and shallow water in a variety of wetlands, but chiefly near the coast. In the region, confined to Madagascar, but has occurred as a vagrant to the Seychelles.

Echasse à manteau noir

Ce limicole noir et blanc aux pattes très longues et rosâtres est difficile à confondre avec une autre espèce. Chez l'immature le noir de l'adulte est remplacé par du brun sombre, l'arrière du cou et la nuque sont brun mat, et les pattes sont d'un brun rosâtre terne. En vol, la tête et le corps blancs qui contrastent avec le dos et les ailes d'un noir d'encre, ainsi que les pattes extrêmement longues dépassant loin derrière la pointe de la queue, sont caractéristiques. Se nourrit en parcourant l'eau profonde ou peu profonde, dans diverses zones humides, mais principalement près de la côte. Dans la région espèce restreinte à Madagascar et visiteur occasionnel aux Seychelles.

Crab Plover

This gleaming black-and-white shorebird is unmistakeable with its massive, dagger-shaped black bill. Immature has the black replaced with grey, and a less-developed and thinner bill. In flight, shows all black flight feathers and black 'saddle', with long legs projecting well beyond the tail tip. Feeds by strutting over open mudflats and sandy beaches, chasing crabs, which it tears apart with its huge bill. Occurs throughout the region, with larger numbers present during the austral summer.

Drome ardéole

Ce limicole noir et blanc au plumage lumineux est difficile à confondre avec une autre espèce de par son bec noir massif en forme de poignard. Chez l'immature le noir de l'adulte est remplacé par du gris et le bec est moins développé et plus fin. En vol, les rémiges noires et le dos noir contrastent avec le reste des parties supérieures blanches et les longues pattes dépassent loin derrière la pointe de la queue. Se nourrit en parcourant les vasières ou les plages de sable, chassant les crabes et les déchiquetant avec son énorme bec. Présent dans toute la région, en plus grand nombre pendant l'été austral.

breeding/nicheur

Common Ringed Plover

Similar to Madagascar Plover (p. 49), but easily told apart by orange-yellow (not dark-coloured) legs. Differs from Three-banded Plover (p. 50) by having only one (not two) black breast bands. In non-breeding and immature plumage the black breast band is replaced by dark shoulder smudges, forming an incomplete breast band; distinctive orange-yellow legs are retained. In flight, shows a white wing bar and white collar. Occurs in a variety of coastal wetlands, but prefers river estuaries and mudflats. Found on most islands in the region, chiefly between October and April.

Grand gravelot

Similaire au Gravelot de Madagascar (p. 49), mais facile à différencier par ses pattes jaune orangé (et non pas de couleur sombre). Diffère du Gravelot à triple collier (p. 50) par une seule (et non trois) bande noire pectorale. Chez l'adulte en plumage non nuptial et l'immature, la bande noire sur la poitrine est remplacée par des traînées diffuses sombres formant une bande incomplète ; les pattes ont toujours la couleur caractéristique jaune orangé. En vol, révèle une barre alaire blanche et un collier blanc. Fréquente diverses zones humides côtières, mais préfère les estuaires et les vasières. Présent dans la plupart des îles de la région, principalement entre octobre et avril.

Kittlitz's Plover

A small plover, almost identical to Madagascar Plover (opposite), but lacks a black breast band. When seen together, this species is slightly smaller and shorter-legged, with a less boldy marked head pattern. Immature lacks the head marking of the adult and differs from immature Madagascar Plover by having a darker head pattern and more buffy underparts. Frequents saline coastal lagoons, salt works, estuaries and a varied mixture of inland wetlands. In the region, found only on Madagascar, where it is common.

Pluvier de Kittlitz

Petit pluvier, presque identique au Gravelot de Madagascar (ci-contre), mais sans la bande noire sur la poitrine. Lorsqu'ils sont observés ensemble, on remarque que le Gravelot de Madagascar est un peu plus petit et a les pattes plus courtes, avec les motifs moins marqués sur la tête. L'immature n'a pas le contraste marqué sur la tête comme l'adulte et diffère de l'immature de Gravelot de Madagascar par une tête plus sombre et des parties inférieures plus beiges. Fréquente les lagunes côtières d'eau salée, les salins, les estuaires et différentes zones humides à l'intérieur des terres. Dans la région, espèce restreinte à Madagascar, où elle est commune.

Madagascar Plover

The black breast band easily separates this species from the similar Kittlitz's Plover (opposite). Further difference is the bold black forehead-line, which extends to well behind the eye. Immature shows a very pale head, almost white in some individuals, is more uniform, and less scaled on the back. Immature Kittlitz's Plover is similar, but is more buffy below and lacks the pale head. Favours saline marshes and grassy surrounds; particularly common around salt mines. Endemic to Madagascar, where it is most frequently seen north and south of Toliara (Tuléar). This species is listed as Vulnerable.

Gravelot de Madagascar

La bande noire sur la poitrine différencie immédiatement cette espèce du très similaire Pluvier de Kittlitz (ci-contre). Une différence supplémentaire est le bandeau oculaire noir qui s'étend loin derrière l'oeil. L'immature a une tête très pâle, presque blanche chez certains individus, un plumage plus uniforme et moins écailleux sur le dos. L'immature du Pluvier de Kittlitz est similaire, mais il apparaît plus beige dessous et n'a pas la tête pâle. Préfère les marais d'eau salée et les milieux herbeux adjacents ; très commun près des salins. Endémique à Madagascar, où il est fréquemment observé au nord et au sud de Toliara (Tuléar). Cette espèce est classée Vulnérable.

Three-banded Plover

The breast bands are diagnostic: two black bands in this species, not a single breast band as in Common Ringed Plover (p. 47). At close range the slate-grey face, bright red ring around the eye and dark-tipped, red bill are distinctive. Immature is a dull version of the adult, lacking the red eye-ring and bill colours. When at rest, has the habit of bobbing its head and body. Usually found around freshwater wetlands, from small ponds to lakes and larger rivers. Occasionally near the coast but not upon the seashore. In the region, found only on Madagascar.

Gravelot à triple collier

Les bandes sur la poitrine sont caractéristiques : cette espèce a deux bandes noires, et non pas une seule comme chez le Grand Gravelot (p. 47). De près, on remarque la face gris ardoise, un cercle orbital rouge vif et le bec rouge à pointe noire. L'immature est une version terne de l'adulte et n'a pas le cercle orbital rouge et le bec coloré. Lorsqu'il se repose, il a l'habitude de hocher la tête et le corps. Généralement observé dans les zones humides d'eau douce, des petites mares aux lacs et aux grands cours d'eau. Se trouve parfois près de la côte, mais pas sur les rivages. Dans la région, présent uniquement à Madagascar.

non-breeding/non nicheur

Grey Plover

A drab grey shorebird with few distinguishing features when at rest. Speckled grey and white on the back, and mottled grey on the breast, with a short bill, plumpish body and medium-length legs. Breeding birds have rich silver and black spangled upperparts and black underparts. In flight, shows a diagnostic black patch at the base of the underwing 'armpit'. Occurs mostly in coastal areas, estuary mudflats, salt mines and rarely inland. Chiefly a summer visitor to most islands in the region, but a few linger throughout the year.

Pluvier argenté

Limicole gris terne avec, quand il est posé, quelques rares caractéristiques. Parties supérieures tachetées de gris et blanc, poitrine grise mouchetée, bec court, silhouette corpulente et des pattes de longueur moyenne. Les oiseaux en plumage nuptial ont les parties supérieures avec des flammèches noires et gris argenté et les parties inférieures noires. En vol, révèle une tache noire caractéristique sur l'aile au niveau des axillaires. Fréquente principalement les zones côtières, les vasières des estuaires, les salins et plus rarement observé à l'intérieur des terres. Présent principalement pendant l'été austral dans la plupart des îles de la région, mais quelques individus restent toute l'année.

Whimbrel

A large brown shorebird with long, decurved bill. At close range shows broad black stripes on the head, a finely vermiculated back and a brown-streaked breast. In flight, appears very dark with a contrasting white rump and lower back. Frequents coastal lagoons, estuary mud-flats, open beaches, rocky shorelines and mangrove stands. Call is often heard on the coast: a series of clear, whistled and bubbling notes. Common summer visitor throughout the region, with a few lingering throughout the year.

Courlis corlieu

Grand limicole au plumage brun et au long bec arqué. De près, on remarque les larges rayures noires sur la tête, le dos marqué de fines virgules et la poitrine striée de brun. En vol, apparaît sombre avec en contraste le croupion et le bas du dos blancs. Fréquente les lagunes côtières, les vasières des estuaires, les plages, les rivages rocheux et la mangrove. Le cri est souvent entendu sur la côte, un enchaînement de notes claires, sifflées et liquides. Présent communément pendant l'été austral dans la plupart des îles de la région, mais quelques individus restent toute l'année.

Common Sandpiper

A small shorebird, greyish overall with pale underparts and a white 'shoulder' in front of the closed wing. Has a peculiar bobbing or teetering movement as it forages: a continual moving of the body, up and down as if constantly balancing. Other shorebirds do this, but not with the same frequency as this species. In flight, holds its wings slightly bowed and has rapid, shallow wing beats. Occurs in a wide range of wetlands, and is a common summer visitor to most islands in the region.

Chevalier guignette

Petit chevalier à la teinte générale grisâtre avec des parties inférieures pâles et une marque blanche à l'avant de l'aile fermée. Lorsqu'il recherche sa nourriture, a un hochement ou opère un mouvement de bascule bien particulier : un mouvement continu du corps, de haut en bas comme un balancement constant. D'autres limicoles font de même, mais pas à la même fréquence que cette espèce. En vol, garde les ailes légèrement bombées et a des battements d'ailes rapides et peu amples. Fréquente toutes sortes de zones humides. Espèce commune pendant l'été austral dans la plupart des îles de la région.

breeding/nicheur

non-breeding/non nicheur

Ruddy Turnstone

In breeding plumage the rich chestnut upperparts and black-and-white head and breast pattern make this small shorebird unmistakeable. Non-breeding plumage is much drabber: greyer with a hint of chestnut and a faded pied pattern on the head and breast. The short-legged, rotund body and short, slightly upturned bill impart a dumpy appearance. Uses short bill to upend small obstacles to reveal food. Occurs in a wide variety of coastal habitats, even far away from water. Common summer visitor to most islands in the region.

Tournepierre à collier

En plumage nuptial, les parties supérieures brun roux vif et les motifs noir et blanc sur la tête et la poitrine sont caractéristiques de ce petit limicole. Le plumage non nuptial est beaucoup plus terne : gris teinté de brun roux et le motif pie de la tête et de la poitrine est diffus. La silhouette basse sur pattes et replète et le bec légèrement retroussé lui donnent une apparence courtaude. Utilise son bec court pour retourner de petites roches, morceaux d'arbres ou coquillages cachant la nourriture potentielle. Fréquente plusieurs types d'habitats côtiers. Commun pendant l'été austral dans la plupart des îles de la région.

Sanderling

This small shorebird is pale grey above with a dark 'shoulder', white below and has a short black bill and legs. In flight, shows a noticeable white wing bar. Often seen in groups, rapidly chasing receding waves on open beaches. As it runs after a wave it will stop frequently to stab its bill into the sand and water to pick up morsels. Also feeds on mudflats, in mangrove areas and rarely inland. Common summer visitor to most islands in the region.

Bécasseau Sanderling

Ce petit limicole est gris pâle dessus avec une marque sombre à l'épaule, blanc dessous et a les pattes et le bec courts et noirs. En vol, révèle une barre caractéristique blanche sur l'aile. Souvent observé en groupe, chassant rapidement ses proies a mesure que l'eau de la vague descendante laisse dégagé le sable de la plage. En courant après la vague, il s'arrêtera fréquemment pour sonder le sable et l'eau pour attraper des animalcules. Se nourrit également dans les vasières, dans la mangrove et plus rarement à l'intérieur des terres. Commun pendant l'été austral dans la plupart des îles de la région.

breeding/nicheur

non-breeding/non nicheur

Swift (Greater Crested) Tern

A large tern with a long, slightly drooped yellow or greenish-yellow (not orange) bill, and white frons and black cap in breeding plumage. Larger than Lesser Crested Tern (opposite), which has an orange-yellow bill. Non-breeding birds have white forecrown. Juvenile has mottled dark blackish-brown upperparts and a dusky yellow-olive bill. Adult's legs are black; some juvs have yellow-orange legs. Call is a harsh 'kree-eck'. Frequents coastal waters, estuaries and coastal wetlands. Breeds on many islands throughout the region. Common on Madagascar and the Comoros, but rare in the Mascarenes and central Seychelles.

Sterne huppée

Grande sterne au long bec légèrement incurvé, de couleur jaune ou jaune vert et non pas orange, à la calotte noire et à la tête blanche en plumage nuptial. Plus grande que la Sterne voyageuse (ci-contre), qui a un bec jaune orangé. Les oiseaux en plumage non nuptial ont le front et la partie antérieure de la calotte blancs. Le juvénile a les parties supérieures du corps brun noirâtre, mouchetées de sombre et le bec olive et plus terne. Les pattes de l'adulte sont noires et certains juvéniles ont les pattes jaune orangé. Le cri est un 'kree-eck' rauque. Fréquente les eaux côtières, les estuaires et les zones humides côtières. Niche sur plusieurs îles de la région. Commune à Madagascar et aux Comores, mais rare aux Mascareignes et dans les Seychelles granitiques.

non-breeding/non nicheur

Lesser Crested Tern

A pale grey and white tern, much smaller than Swift Tern (opposite). In breeding plumage has black cap and orange bill. In non-breeding plumage the black cap is much reduced to a black line through the eye which encompasses the nape and hind crown. The bill can appear to be a rich orange or a paler yellow-orange. Seen usually in flocks, feeding by plunge diving. Roosts on beaches and rocky offshore islets. Occurs all year round throughout the region, and is the most frequently seen tern around Madagascar.

Sterne voyageuse

Sterne de couleur gris pâle et blanc de plus petite taille que la Sterne huppée (ci-contre). En plumage nuptial, présente une calotte noire et un bec orange. En plumage non nuptial, la calotte noire est réduite à une ligne noire passant sur les yeux et s'étalant sur la nuque et l'arrière de la tête. Le bec peut apparaître orange vif ou d'un jaune orangé plus pâle. Généralement observé en groupe, pêchant en plongeant. Niche sur les plages et sur les îlots rocheux situés au large. Présente toute l'année dans la région. C'est l'espèce de sterne la plus fréquemment observée autour de Madagascar.

breeding/nicheur

Roseate Tern

Paler and smaller than Lesser Crested Tern (p. 57), and differs markedly by having a dark-tipped red (not all orange) bill. In breeding has a black cap but loses it when not breeding and shows only a shaggy black nape, black line through eye and an all dark bill. At close range a pinkish flush over the underparts is noticeable. Gathers in flocks to feed, sometimes in company with other terns. Plunge dives to secure its food. Locally common throughout the region, breeding in small colonies on many islands.

Sterne de Dougall

Plus pâle et plus petite que la Sterne voyageuse (p. 57).Diffère principalement par le bec rouge à pointe noire (et non orange). En plumage nuptial, a une calotte noire mais elle disparaît en plumage non nuptial, pour faire place à une teinte noire diffuse sur la nuque avec également un trait noir sur l'œil et un bec entièrement noir. De près, on remarque que les parties inférieures sont teintées de rosâtre. Se rassemble en troupes pour se nourrir, parfois en compagnie d'autres sternes. Plonge pour pêcher. Espèce localement commune dans toute la région, nichant en petites colonies sur de nombreuses îles.

Brown Noddy

This and the Lesser Noddy (p. 60) can be tricky to identify unless seen at close range. This species is larger, slightly paler brown, with a pale greyish-white cap and thicker bill. The subtle difference is this species' cap has a clear demarcation line between the eye and bill. The name 'noddy' refers to their breeding display: a pair faces each other, nodding their heads up and down with bills wide open, showing the orange inside of their mouths. Locally common throughout the region, breeding colonially on many islands.

Noddi brun

Cette espèce et le Noddi à bec grêle (p. 60) peuvent être difficiles à distinguer l'une de l'autre si on ne les observe pas de près. Le Noddi brun est plus grand, d'une couleur brune légèrement plus pâle, une calotte blanc grisâtre pâle et un bec plus épais. La différence subtile est que la calotte de cette espèce présente une ligne de démarcation claire entre l'œil et le bec. Le nom fait référence à la parade nuptiale : le couple se fait face, hochant de la tête (« to nod » en anglais) de haut en bas, avec leur bec grand ouvert révélant à l'intérieur une couleur orange. Espèce localement commune dans toute la région, nichant en colonies sur de nombreuses îles.

59

Lesser Noddy

Similar to Brown Noddy (p. 59) but is smaller, darker in colour and has a more slender bill. The greyish-white cap is larger and has no abrupt demarcation line between eye and bill. More agile in flight than Brown Noddy, and has more slender, narrower wings. Feeds gregariously, sometimes in large, mixed flocks. Dips into the water to pick up food; rarely dives. Locally common throughout the region, and breeds colonially on many islands.

Noddi à bec grêle

Similaire au Noddi brun (p. 59) mais plus petit, plus sombre et avec un bec plus fin. La calotte blanc grisâtre est plus grande et n'a pas la ligne de démarcation abrupte entre l'œil et le bec. Le vol est plus agile que celui du Noddi brun et les ailes apparaissent plus élancées et plus étroites. Grégaire dans la recherche de nourriture, parfois au sein de grands groupes. S'immerge pour chercher la nourriture, mais ne plonge que rarement. Espèce localement commune dans toute la région, nichant en colonies sur de nombreuses îles.

Bridled Tern

This and the Sooty Tern (p. 62) are sometimes difficult to tell apart. This species is a smaller, paler, greyish-brown (not jet black) tern and shows an obvious white forehead, which extends as a white eyebrow stripe to well behind the eye. Immature is paler than the adult and differs from immature Sooty Tern by having pale (not dark) underparts. Rarely occurs in flocks, except when feeding with other mixed flocks of terns. Locally common throughout the region, breeding on many islands.

Sterne bridée

Cette espèce et la Sterne fuligineuse (p. 62) sont parfois difficiles à distinguer. Cette espèce est plus petite, plus pâle, d'une couleur brun grisâtre (et non noir) et a un front blanc bien visible, qui s'étend en un sourcil blanc se prolongeant en arrière de l'œil. L'immature est plus pâle que l'adulte et diffère de l'immature de la Sterne fuligineuse par ses parties inférieures pâles (et non sombres). Rarement observée en groupes, sauf lorsqu'elle se nourrit avec d'autres groupes plurispécifiques de sternes. Espèce localement commune dans toute la région, nichant sur de nombreuses îles.

Sooty Tern

Similar to Bridled Tern (p. 61) but is
larger and very much darker; almost
black (not greyish-brown) on the
upperparts. The white forehead is much
less extensive and does not extend
beyond the eye. Immature might be
confused with a noddy tern, but lacks a
grey cap and has white (not dark) vent.
Common offshore, sometimes in large
concentrations of thousands when
feeding. Occurs throughout the region.
Probably the most abundant seabird in
the region, breeding in enormous
colonies on a few islands.

Sterne fuligineuse

Espèce similaire à la Sterne bridée (p. 61),
mais plus grande et beaucoup plus
sombre, presque noire (et non pas brun
grisâtre) au niveau des parties supérieures.
La zone frontale blanche est moins
étendue et ne se prolonge pas à l'arrière
de l'œil. L'immature peut être confondu
avec un noddi, mais n'a pas la calotte
grise et a les sous-caudales blanches
(et non sombres). Commune au large,
parfois en grandes concentrations,
rassemblant des milliers d'individus en
train de se nourrir. Présente partout dans
la région. Probablement l'oiseau marin le
plus abondant de la région, nichant en
énormes colonies sur quelques îles.

White Tern

This small and delicate all white tern is unmistakeable. At close range the blue-based black bill has a slight upturn and is very pointed. The legs and feet are cobalt blue and the eye is unusually large and dark. Juvenile has a dark spot behind the eye and greyish-brown markings on the wings and back. Most often seen flying around or sitting in the trees in which they breed. Feeds offshore or at sea during darkness, hence the very large eye. Locally common breeding bird in the Seychelles. Vagrant to northern Madagascar and the Mascarenes.

Gygis blanc

Cette petite sterne d'apparence délicate et entièrement blanche est impossible à confondre avec une autre espèce. De près, le bec noir à la base bleue est légèrement retroussé et très pointu. Les pattes et les tarses sont bleu cobalt et l'œil est inhabituellement grand et sombre. Le juvénile a une tâche noire derrière l'œil et des marques brunes grisâtres sur les ailes et le dos. Le plus souvent observé volant autour des arbres où il niche ou posé dessus. Se nourrit en mer pendant la nuit, ce qui explique la taille des yeux. Espèce localement commune et nichant aux Seychelles et visiteur occasionnel au nord de Madagascar et aux Mascareignes.

Pink Pigeon

Male is slightly smaller than female, but sexes are alike. Plumage is light pink except for brown back and wings, and brown rufous tail. Pink feet and beak. Juvenile is a duller version of adult with a darker head and neck. The largest pigeon in the whole region. Endemic to Mauritius. Saved from extinction by a successful conservation programme. In 1973 only 20 individuals were left; 360 birds are found in the wild today.

Pigeon rose

Le mâle est un peu plus petit que la femelle mais les deux sexes sont semblables. Le plumage est rose clair à l'exception du dos et des ailes bruns et de la queue brun roux. Pattes et bec roses. Le juvénile est une version plus terne de l'adulte avec une tête et un cou plus sombres. Le plus grand pigeon de toute la région. Endémique à l'île Maurice. Sauvé de l'extinction grâce à un programme de conservation réussi. En 1973, seuls 20 individus survivaient ; aujourd'hui la population s'élève à 360 oiseaux dans la nature.

Spotted Dove

Brownish upperparts with a diagnostic large black hind-collar heavily spotted with white, and pinkish underparts. In flight, shows a distinctive grey patch on the wing contrasting with the brown primaries, and a wedge-shaped tail with white outertail feathers. Differs from Barred Ground Dove (p. 66) by larger size and black collar. Call is typically trisyllabic. Well adapted to man-made environment; common in open areas, farmland, roadsides, and villages. Introduced to Mauritius in the late 18th century.

Tourterelle tigrine

Parties supérieures brunâtres avec un collier caractéristique à l'arrière du cou, large et noir et fortement ponctué de blanc. Les parties inférieures du corps sont rosâtres. En vol, révèle une tâche alaire grise caractéristique, qui contraste avec les rémiges primaires brunes, et une queue étagée avec les rectrices externes blanches. Diffère de la Géopélie zébrée (p. 66) par la taille plus grande et par le collier noir. Le chant est typiquement trisyllabique. Bien adaptée aux habitats créés par l'homme ; commune dans les zones ouvertes, les terres cultivées, sur le bord des routes et dans les villages. Introduite à l'île Maurice à la fin du 18ème siècle.

Barred Ground Dove

Very small dove with a characteristic light brown plumage almost entirely barred with fine black lines. In flight, displays a wedged tail with white on the outer tail feathers. Call is a high-pitched trilling ending in a soft, high-pitched cooing. Found in all kinds of open man-made environments, villages, roadsides, and fields. Introduced to the Mascarenes and Seychelles, where common on all granitic islands.

Géopélie zébrée

Tourterelle de très petite taille au plumage caractéristique brun clair presque entièrement barré de fins traits noirs. En vol, révèle une queue étagée marquée de blanc sur les rectrices externes. Le chant est un trille se terminant par un doux roucoulement aigu. Fréquentant toutes sortes d'habitats ouverts créés par l'homme, les villages, le bord des routes et les champs. Introduite aux Mascareignes et aux Seychelles, où elle est commune sur toutes les îles granitiques.

Cape Turtle Dove

Small dove with greyish-brown upperparts, a pinkish-tinged breast, and a distinctive black hind-collar. In flight, displays characteristic white-tipped tail. Found in pairs or larger groups where food is abundant. Soft, trisyllabic call is often repeated. Well adapted to man-made environments. Introduced to the Comoros, where it is common on the four islands. Not observed in dense forest. Frequents open areas such as farmlands, parks, gardens, and surroundings of villages. Common in coastal areas.

Tourterelle du Cap

Tourterelle de taille moyenne aux parties supérieures gris brun, à la poitrine aux nuances rosés et au collier noir caractéristique. En vol, révèle une queue lisérée de blanc. Observée par paire ou au sein de groupes lorsque la nourriture est abondante. Le chant, doux et trisyllabique, est souvent répété. Bien adaptée aux habitats anthropiques. Introduite aux Comores, où l'espèce est commune sur les quatre îles principales. N'est pas observée en forêt dense. Fréquente les zones ouvertes comme les terres cultivées, les parcs, les jardins et les alentours des villages. Commune dans les zones côtières.

Madagascar Turtle Dove

A medium-sized, squat dove. The deep-maroon breast and back, buffy-pink belly and vent, and greyish head all assist in identification. When flushed, the dark body contrasts with the pale grey outer tail feathers and greyish rump. The call is a soft, often repeated 'daa-wooo'. Most often seen when flushed from the forest floor or when feeding on the ground on trails and roadsides. Restricted to most wooded areas throughout Madagascar and the Comoros, where it is a common regional endemic. Also found on the Seychelles and Mascarenes, where it has been introduced.

Tourterelle peinte

Tourterelle trapue de taille moyenne. La poitrine et le dos brun sombre, le ventre et les sous-caudales beige rosé et la tête grisâtre permettent l'identification. A l'envol, le corps sombre contraste avec les rectrices externes gris pâle et le croupion grisâtre. Le cri est un 'dééé-hou' répétitif et feutré. Le plus souvent observée lorsqu'elle est dérangée du sol forestier où elle se nourrit, sur les sentiers ou les côtés des routes. Espèce restreinte à la plupart des zones boisées de Madagascar et des Comores, où elle est une espèce endémique régionale commune. Egalement présente aux Seychelles et aux Mascareignes, où elle a été introduite.

♂

Namaqua Dove

A tiny dove with a long, pointed tail and black mask and bib. Resembles a parakeet when in flight or settled and perched upright. Female and immature have a shorter tail and lack the black mask and bib. In flight, shows bright rufous wing patches. Feeds on the ground and collects around freshwater points, sometimes in large flocks. Call is a single, low-pitched 'dooooo'. In the region, common on Madagascar, where it prefers the drier areas of the west; avoiding the moist regions of the east.

Tourterelle à masque de fer

Tourterelle minuscule avec une longue queue en pointe et un masque et la partie centrale de la poitrine noirs. Evoque une perruche en vol ou encore au repos du fait de la posture verticale qu'elle adopte souvent quand elle est perchée. La femelle et l'immature ont la queue plus courte et n'ont pas le masque et la partie centrale de la poitrine noirs. En vol, révèle des marques alaires roux vif. Se nourrit à terre et cherche la nourriture près des points d'eau douce, parfois au sein de larges groupes. Le cri est un unique « douuuu » feutré. Dans la région, espèce commune à Madagascar, où elle préfère les zones plus sèches de l'ouest et du sud et évite les zones humides de l'est.

69

Madagascar Blue Pigeon

An all dark blue pigeon with a deep blood-red tail. In flight, appears all dark with a red tail. At close range the paler grey breast and nape are noticeable, as well as the red, bare skin around the eyes. Immature lacks the grey on the breast and has a smaller amount of bare skin around the eyes. Most often seen in small groups, resting on emergent branches of the forest canopy. Feeds on small tree fruits and gathers in flocks at fruiting trees. Call is a series of 'weeelooo' type whistles, but rarely calls. Endemic to the forests on the east of Madagascar, where it is common.

Pigeon bleu de Madagascar

Pigeon entièrement bleu sombre avec une queue rouge sang. En vol, apparaît tout noir avec une queue rouge. De près, on remarque la poitrine et la nuque d'un bleu gris plus pâle, ainsi qu'une zone nue périophtalmique rouge. L'immature n'a pas de gris sur la poitrine et la zone dénudée autour de l'oeil est réduite. Le plus souvent observé au sein de petits groupes, se reposant sur les branches émergeant de la canopée. Se nourrit de petits fruits d'arbres et se regroupe sur les arbres fructifiant. Le cri est un enchaînement de sifflements, une sorte de 'wiiilouuu' mais il chante rarement. Endémique aux forêts de l'est de Madagascar, où l'espèce est commune.

Comoro Blue Pigeon

Similar to Seychelles Blue Pigeon
(p. 72), but confusion is unlikely as the
two species do not occur together. This
species lacks the naked red skin on the
forehead and crown but shows an oval
red patch encircling the eye. The smaller
Tambourine Dove occurs in the same
forest habitat but differs by its all white
underparts. Call is a coarse, dove-like
cooing. Often seen in display flight above
the forests or in flocks at fruit trees.
Endemic to the region. Confined to the
Comoros and Aldabra, where it is
common.

Founingo des Comores

Similaire au Founingo rougecap (p. 72),
mais la confusion est impossible car les
zones de distribution diffèrent. Cette
espèce n'a pas la zone rouge dénudée sur
le front et sur la crête mais une tâche
rouge ovale entourant l'œil. La plus petite
Tourterelle tambourette fréquente le
même habitat forestier, mais diffère par
des parties inférieures entièrement
blanches. Le chant est un roucoulement
rauque comme celui d'une tourterelle.
Souvent observé en vol de parade au-
dessus de la forêt ou en troupes sur les
arbres en fruits. Espèce à la distribution
restreinte aux Comores et à Aldabra, où
elle est commune.

Seychelles Blue Pigeon

Large arboreal bicoloured pigeon.
Plumage is mostly midnight blue, except
for white head, neck, nape and breast.
Shows large red bare parts around the
eyes and on top of the head. Flight is
direct and powerful. Found solitary, in
pairs and occasionally in small groups.
Call is a deep hoarse cooing. Common
endemic to the Seychelles, where it is
found in woodlands.

Founingo rougecap

Grand pigeon arboricole bicolore. Le
plumage est bleu nuit, à l'exception de la
tête, du cou, de la nuque et de la poitrine
blancs. Larges zones dénudées rouges
autour des yeux et sur le sommet de la
tête. Le vol est direct et puissant. Observé
seul, par paire et parfois au sein de petits
groupes. Le chant est un roucoulement
profond et rauque. Espèce endémique
aux Seychelles, où elle est commune et
fréquente les zones boisées.

Lesser/Petit

Greater/Grand

Greater and Lesser Vasa Parrots

These two black parrots are not easily told apart unless seen very close, when the head and bill can be examined. Greater Vasa has a much larger head, a larger and paler bill, and a large area of bare skin around the eye. Lesser Vasa has a smaller, rounded head and a smaller, darker bill, with a much reduced area of bare skin around the eye. When seen together their size difference is obvious. Greater Vasa call is loud and raucous with typical parrot-like screeches. Lesser Vasa has a peculiar series of whistled phrases. Both are restricted to a varied range of wooded areas on Madagascar and the Comoros, where they are common regional endemics.

Grand Perroquet Vasa et Petit Perroquet noir

Ces deux perroquets noirs ne sont pas faciles à distinguer sauf de très près, lorsque l'on peut examiner la tête et le bec. Le Grand Perroquet Vasa a une tête beaucoup plus volumineuse, un bec plus grand et plus pâle et une grande zone nue périophtalmique. Le Petit Perroquet noir a une tête arrondie plus petite, un bec plus petit et plus sombre et une zone nue périophtalmique plus réduite. Lorsqu'ils sont observés ensemble, la différence de taille est évidente. Le cri du Grand Perroquet Vasa est sonore et rauque avec des croassements typiques de perroquet. Le Petit Perroquet noir émet une série singulière de phrases sifflées. Les deux espèces sont restreintes à divers types de forêts de Madagascar et des Comores, où elles sont communes.

73

♂

Grey-headed Lovebird

An unmistakeable tiny parrot. Male has
an emerald-green body and grey head;
female has a dowdier green body and
greenish (not grey) head. Flight is
extremely rapid and direct, accompanied
by screeches and whistles. Frequents a
varied range of wooded habitats, from
dense forest to drier, almost desert
conditions. Breeds in holes in trees,
sometimes in loose colonies. Restricted to
Madagascar and the Comoros, where it
is a common regional endemic.

Inséparable à tête grise

Minuscule perruche impossible à
confondre avec une autre espèce. Le mâle
a le corps vert émeraude et la tête grise;
la femelle a une couleur verte plus terne
sur le corps et la tête verdâtre (et non
grise). Le vol est extrêmement rapide et
direct, accompagné de grincements et
de sifflements. Fréquente divers types
d'habitats boisés, des forêts denses
aux milieux plus secs et quasiment
désertiques. Niche dans les cavités
d'arbres, parfois au sein de colonies
diffuses. Espèce restreinte à Madagascar
et aux Comores, où elle est commune.

Echo Parakeet

Medium-sized parakeet with a slender silhouette accentuated by a long pointed tail. Male is all green, darker above than below, except for a black bib, a coral red bill, and a narrow pinkish collar. Female differs by darker plumage, especially on the head, and an entirely black bill. Distinguished from introduced Ring-necked Parakeet (p. 124) by green (not blue) tail (male) and by dark head and black bill (female). The harsh guttural call is usually delivered in flight. Endemic to Mauritius. Usually found in pairs in the native rainforest patches of the southern part, where rare. This species has been the focus of a successful conservation programme. In 1986 less than 12 birds were left; 100 individuals are found in the wild today.

Perruche de Maurice

Perruche de taille moyenne à la silhouette élancée accentuée par une longue queue pointue. Le mâle est entièrement vert, plus sombre dessus que dessous, à l'exception d'une bavette noire, d'un bec rouge corail et d'un étroit collier rosé. La femelle diffère du mâle par un plumage plus sombre, surtout sur la tête, et par un bec tout noir. Se distingue de la Perruche à collier introduite (p. 124) par la queue verte (et non bleue) chez le mâle et par la tête sombre et le bec noir chez la femelle. Le chant guttural et discordant est généralement émis en vol. Endémique à l'île Maurice. Habituellement observée par paire dans les parcelles de forêt pluviale de la partie sud, où elle est rare. Cette espèce a fait l'objet d'un programme de conservation réussi. En 1986, il restait moins d'une douzaine d'individus ; aujourd'hui, on trouve 100 oiseaux dans la nature.

♂

75

Giant Coua

The largest of all the couas. A large terrestrial bird with a long tail and short, stout bill. At close range the bare skin on the face reveals intricate coloration: delicate shades of blue, lilac and black, which are intensified in direct sunlight. Feeds on the ground, where it slowly wanders in the undergrowth. Flies to perch in trees when disturbed or when calling. Usually found in pairs; generally unobtrusive. Endemic to Madagascar and occurs only in the drier western woodlands. Best seen at the Berenty Reserve, Tolagnaro (Fort-Dauphin), where the birds have become habituated.

Coua géant

Le plus grand de tous les couas. Grand oiseau terrestre à la queue longue et au bec court et fort. De près, la zone nue périophtalmique révèle une coloration complexe : des teintes délicates de bleu, de lilas et de noir, qui s'intensifient à la lumière du soleil. Se nourrit à terre, parcourant posément le sous-bois. S'envole pour se percher dans un arbre lorsqu'il est dérangé ou lorsqu'il chante. Discrète, cette espèce est généralement observée en couple. Endémique à Madagascar et présente uniquement dans les zones boisées sèches de l'ouest et du sud. Le meilleur site d'observation est la Réserve de Berenty, près de Tolagnaro (Fort-Dauphin), où les oiseaux sont habitués à la présence de l'homme.

Coua reynaudii

40 cm

Red-fronted Coua

Medium-sized coua with short-legged silhouette. Olive-green plumage with a grey chest and belly and a bright rufous cap. Shows sky-blue bare skin around the eye, edged with a black stripe. Juvenile differs from adult in its dull brown cap, much reduced area of bare skin around the eye, and buff-tipped feathers on upperparts. This mostly terrestrial species is shy and is usually found alone or in pairs. Endemic to Madagascar. Inhabits the dense portion of the eastern rainforest, where it is more common at higher altitudes.

Coua de Reynaud

Coua de taille moyenne à la silhouette basse sur pattes. Plumage vert olive, poitrine et ventre gris et calotte roux vif. Zone nue périophtalmique bleu ciel liserée d'un trait noir. Le juvénile diffère de l'adulte par une calotte brun terne, par une zone nue périophtalmique beaucoup plus réduite et par les plumes liserées de roux sur les parties supérieures. Cette espèce principalement terrestre est discrète et se rencontre généralement seule ou par paire. Endémique à Madagascar. Fréquente la partie dense de la forêt pluviale de l'est et est plus commune en altitude.

Crested Coua

Medium-sized coua with light grey upperparts, a distinctive white belly and an orange chest. Shows a crested grey head and bare skin around the eye varying from violet to sky blue. Strictly arboreal; seen gliding from tree to tree displaying characteristic wide and rounded wings. Call is emitted before sunset; a loud and clear descending call. Endemic to Madagascar. Commonly found in pairs in the deciduous dry forest and spiny forest of western and southern Madagascar. Less common in the eastern rainforest.

Coua huppé

Coua de taille moyenne aux parties supérieures gris clair, au ventre blanc caractéristique et à la poitrine orange. Tête grise huppée et zone nue périophtalmique d'une couleur variant du violet au bleu ciel. Strictement arboricole, planant d'arbre en arbre et révélant des ailes caractéristiques larges et arrondies. Emet son cri avant le coucher du soleil ; un cri sonore et clair en decrescendo. Endémique à Madagascar. Fréquemment observé par paire dans la forêt sèche caducifoliée et le bush épineux subaride de l'ouest et du sud de Madagascar. Moins commun dans la forêt pluviale de l'est.

Blue Coua

Bulky all dark blue bird, appearing almost black in poor light. Has short rounded wings and a long, broad tail. Shows pearly sky-blue bare skin around the eye. Juvenile differs from adult in its reduced dull bare skin around the eye and dark brown upperparts. Strictly arboreal, often located and identified by its characteristic brief, trilled call. Endemic to Madagascar. Commonly found in pairs or small family groups in the eastern rainforest.

Coua bleu

Oiseau massif au plumage entièrement bleu sombre, semblant presque noir dans une mauvaise lumière. Ailes courtes et arrondies et queue longue et large. Zone nue périophtalmique bleu ciel à reflets nacrés. Le juvénile diffère de l'adulte par une zone nue périophtalmique réduite et par des parties supérieures brun sombre. Strictement arboricole et souvent localisé et identifié par son cri caractéristique, une brève trille. Endémique à Madagascar. Observé généralement par paire ou en petit groupe familial dans la forêt pluviale de l'est.

non-breeding/non nicheur

Madagascar Coucal

Large black bird with a long, graduated and shiny black tail. Breeding plumage shows bright rufous wings. In non-breeding, the black is heavily streaked with tan. Juvenile is similar to adult in non-breeding plumage. Usually found solitary. Shows short and rounded wings during flight. Flight is laborious, consisting of vigorous wing beats followed by long glides. Endemic to the region and commonly found on forest edges, degraded areas and wetlands throughout Madagascar and on Aldabra.

Coucal malgache

Grand oiseau noir à la queue longue, étagée noir brillant. Ailes roux vif en plumage nuptial. En plumage non nuptial, manteau noir fortement strié de beige. Le juvénile est semblable à l'adulte en plumage non nuptial. Observé généralement seul. Ailes courtes et arrondies durant le vol. Vol laborieux, consistant en battements énergiques suivis d'un long vol plané. Cette espèce endémique de la région est généralement observée en lisière de forêts, dans les zones dégradées et les zones humides de Madagascar et d'Aldabra.

Torotoroka Scops Owl

Small owl with earlike tufts and bright yellow eyes. Plumage varies from grey to greyish brown, never rufous like Madagascar Rainforest Scops Owl. Can be found concealed in dense vegetation or tree cavities during daylight. At night it hunts insects in the woodland, frequently from low perches. Frequently emits a monotonous, muffled and slightly quavering call. Endemic to Madagascar, where it is common in the drier woodlands in the west and south.

Petit-duc torotoroka

Petit rapace nocturne à aigrettes et aux yeux jaune vif. Le plumage varie du gris au brun grisâtre, mais n'est jamais roux comme celui du Petit duc de Madagascar. Parfois observé caché dans la végétation dense ou dans une cavité d'arbre pendant la journée. Il chasse les insectes dans les zones boisées la nuit, souvent à partir de perchoirs peu élevés. Emet fréquemment un cri monotone, étouffé et légèrement chevrotant. Espèce endémique à Madagascar, où elle est commune dans les zones boisées plus sèches de l'ouest et du sud.

White-browed Owl

Small and bulky brown owl with white upper belly, and chest heavily barred with brown. Lacks earlike tufts, but shows large white supercilium above its dark eyes. Active at night, dawn and dusk. Flight is direct and powerful. Stays motionless for long periods of time when hunting insects. Call is very distinctive of the species: a strong call followed by harsh barking. Endemic to Madagascar. Commonly found in pairs in the deciduous dry forest and spiny forest of the west and south. Much less common in the eastern rainforest.

Ninox à sourcils

Chouette petite et massive, au ventre et à la poitrine blancs fortement marqués de barres brunes. N'a pas d'aigrettes mais de larges sourcils blancs au-dessus de ses yeux sombres. Actif la nuit, à l'aube et au crépuscule. Vol direct et puissant. Reste immobile pendant de longs moments à l'affût. Cri très caractéristique, puissant et suivi par une sorte d'aboiement sonore. Endémique à Madagascar. Fréquemment observé par paire dans la forêt sèche caducifoliée et dans le bush épineux sub-aride de l'ouest et du sud. Beaucoup moins commun dans la forêt pluviale de l'est.

♀

Madagascar Nightjar

Night bird with brownish-grey plumage overall. During flight shows long wings marked with a white spot (cream in female) and a long tail with white-tipped outer feathers (male only). Spends the day on the ground concealed in the leaf litter. Very active after dusk, frequently seen flying after insects. The call is very characteristic and sounds like a marble bouncing on a hard floor. Endemic to the region and common in all open areas of Madagascar and Aldabra.

Engoulevent de Madagascar

Oiseau nocturne à la teinte générale brun gris. En vol, on remarque les longues ailes marquées chacune d'un ocelle blanc (beige chez la femelle) et une longue queue dont le tiers apical des rectrices externes est blanc (chez le mâle uniquement). Passe la journée camouflé sur les feuilles mortes. Très actif à la tombée de la nuit et fréquemment observé en vol chassant des insectes de son vol louvoyant. Cri très caractéristique évoquant le son d'une bille rebondissant sur un sol dur. Cette espèce endémique de la région est commune dans tous les espaces de'couverts à Madagascar et à Aldabra.

Madagascar Kingfisher

Very distinctive electric-blue bird with orange underparts, a white throat and a long, sharp black bill. The blue head feathers are tipped with black and are occasionally raised. Juvenile differs from adult in its dull blue upperparts and orange-washed whitish underparts. Spends long periods of time motionless when hunting. Flight is direct and very fast, a few feet above the surface of the ground or water. Endemic to the region. Common throughout Madagascar and on the four main islands of the Comoros. Typical inhabitant of the wetlands, rice-paddies, seashores, and mangroves.

Martin-pêcheur malachite

Oiseau remarquable par sa couleur bleu électrique dessus et orange dessous, à la gorge blanche et au long bec noir et pointu. Les plumes bleues de la tête sont liserées de noir et occasionnellement érigées. Le juvénile diffère de l'adulte par les parties supérieures d'un bleu plus terne et par les parties inférieures blanchâtres et faiblement teintées d'orange. Reste longtemps à l'affût au-dessus de l'eau. Vol direct et très rapide, assez près de la surface du sol ou de l'eau. Cette espèce endémique de la région est commune dans tout Madagascar et sur les quatre îles principales des Comores. Espèce typique des zones humides, des rizières, du bord de mer et des mangroves.

Pitta-like Groundroller

Shows a green upper body, electric-blue head and neck, and an immaculate white throat. The nape and part of the belly are orange. This long-legged terrestrial species rarely flies unless threatened. Looks for invertebrates and small chameleons on the forest leaf litter. Spends long periods of time motionless, making it very hard to spot, especially outside of the breeding season. Endemic to Madagascar. Restricted to the understorey of the eastern rainforest.

Rollier terrestre pittoide

Espèce au dessus du corps vert, à la tête et au cou bleu électrique et à la gorge blanc immaculé. La nuque et une partie du ventre sont oranges. Cette espèce terrestre aux longues pattes vole rarement, sauf en cas de menace. Recherche des invertébrés et des petits caméléons dans les feuilles mortes. Reste longtemps immobile, ce qui rend son observation difficile, difficulté encore renforcée par une discrétion accrue en dehors de la saison de reproduction. Endémique à Madagascar. Distribution restreinte aux sous-bois de la forêt pluviale de l'est.

Long-tailed Groundroller

Very distinctive silhouette with a plump body, long legs, and a long graduated tail. Upper body is tan mottled with brown; lower body is whitish with a black breast band. The brown head contrasts with a white 'moustache' and immaculate white throat. Shows characteristic light blue on the wings and the outer tail feathers. Terrestrial species that can occasionally be seen in a tree when calling or escaping danger. Endemic to Madagascar. Found only in the spiny bush forest in the southwest, north of Toliara (Tuléar).

Rollier terrestre à longue queue

Silhouette très caractéristique, au corps replet, aux pattes élancées et à la longue queue étagée. Les parties supérieures sont brun beige flamméchées de brun, les parties inférieures blanchâtres marquées d'une bande noire sur la poitrine. La tête brune présente un contraste avec la moustache blanche et la gorge blanche immaculée. Couleur bleu clair caractéristique des ailes et des rectrices externes. Espèce terrestre que l'on trouve parfois dans un arbre lorsqu'il chante ou se cache. Endémique à Madagascar. Localisé uniquement dans le bush épineux subaride du sud-ouest, au nord de Toliara (Tuléar).

Madagascar Cuckoo Roller

Male has metallic green upperparts, grey and white underparts and a black eye patch on a black-capped grey head. The wings are marked with purple iridescence. Female is brown with black stripped upperparts and whitish underparts with black blotches. Both sexes show a heavy conical bill and a distinctive stocky head. This arboreal species displays a very elegant flight with ample and buoyant wing beats. The call emitted by the male in flight is a distinctive, trisyllabic strong whistle. Endemic to Madagascar. Found in eastern rainforest, western dry deciduous forest and secondary forest. Common throughout except the south, where absent.

♂

Courol de Madagascar

Le mâle a les parties supérieures vert métallique, les parties inférieures grises et blanches, un bandeau noir sur l'œil et une tête grise à calotte noire. Les ailes ont des reflets pourpres. La femelle est brune, avec les parties supérieures striées de noir et les parties inférieures blanchâtres ponctuées de noir. Les individus des deux sexes ont un lourd bec conique et une tête massive caractéristique. Cette espèce arboricole a un vol très élégant fait de battements d'ailes amples et souples. L'appel émis par le mâle en vol est un sifflement caractéristique sonore et trisyllabique. Endémique à Madagascar. Habite la forêt pluviale de l'est, la forêt sèche caducifoliée de l'ouest et la forêt secondaire. Commun partout sauf dans le sud d'où il est absent.

♀

Madagascar Bee-eater
(31 cm including streamers)

Mostly dark green, except for rusty underwing coverts. Shows an unmistakable, elegant silhouette with elongated central tail feathers and a long decurved bill. Juvenile differs from adult in its duller green plumage and lack of tail streamers. Strictly arboreal species. Frequently observed hunting insects in the air, displaying pointed wings and elongated tail. Call is a liquid high-pitched note repeated in flight. Commonly found throughout Madagascar and the Comoros.

Guêpier de Madagascar
(31 cm avec les rectrices effilées)

Principalement vert sombre à l'exception des sous-alaires rousses. Silhouette facilement identifiable avec des rectrices centrales effilées et un long bec courbe. Le juvénile diffère de l'adulte par un plumage vert plus terne et par l'absence des fins filets de la queue. Espèce strictement arboricole. Fréquemment observé chassant des insectes en vol, révélant des ailes pointues et une queue effilée. Le cri est une succession rapide de notes liquides et aiguës constamment répétée en vol. Commun dans tout Madagascar et aux Comores.

Upupa marginata 32 cm

Madagascar Hoopoe

Characterized by a dull orange head surmounted by a fan-shaped erectile crest and a long decurved bill. Female is slightly smaller, and the white belly is tinged with orange. Displays distinctive large and rounded wings during flight. Often seen in pairs, on the ground looking for invertebrates. Call is a soft trill. Endemic to Madagascar. Common in the dry open areas of the central high plateau, as well as in the west and south.

Huppe de Madagascar

Caractérisée par une tête orange terne surmontée d'une huppe érectile en éventail et par un long bec courbe. La femelle est un peu plus petite que le mâle et son ventre blanc est teinté d'orange. Révèle des ailes caractéristiques larges et arrondies en vol. Souvent observée par paire, sur le sol à la recherche d'invertébrés. Le chant est une trille douce. Endémique à Madagascar. Commune dans les zones ouvertes sèches des hauts plateaux du centre, ainsi qu'à l'ouest et au sud.

breeding/nicheur

Velvet Asity

Chunky bird with plump silhouette and short tail. Breeding male is velvet black with distinctive iridescent green and blue caruncles above the eyes. Non-breeding male is black mottled with yellow and lacks the caruncles. Female shows olive-green upperparts and yellow underparts marked with green scales. Call is a high-pitched 'wee-oo'. Endemic to Madagascar. Common in the understorey of the eastern and north-west rainforests.

Philépitte veloutée

Oiseau trapu à la silhouette ronde et à la queue courte. Le mâle en plumage nuptial est noir velouté avec des caroncules caractéristiques de couleur vert et bleu à reflets nacrés au dessus des yeux. Le mâle en plumage non nuptial est noir, marqué de jaune et sans les caroncules. La femelle a les parties supérieures vert olive et les parties inférieures du corps jaunes marquées d'écailles vertes. Le cri est une sorte de 'oui-oui' aigu. Endémique à Madagascar. Commune dans les sous-bois des forêts pluviales de l'est et du nord-ouest.

Madagascar Lark

Fairly drab, mostly terrestrial passerine with brownish upperparts and whitish underparts with dark dots on the upper breast. The bill is conical and corn-coloured. Fairly gregarious outside of the breeding season; found in pairs or small parties eating seeds on the ground. Call is the most conspicuous character of this species: a harmonious song of liquid notes, usually delivered in flight. Endemic to Madagascar, where it is abundant. Common in any open or moderately wooded areas, on roads, trails, dry riverbeds and grassy surroundings of lakes. One of the few native species adapted to the man-made grassland savanna of the central high plateau.

Alouette malgache

Passereau principalement terrestre au plumage assez terne, aux parties supérieures brunâtres et aux parties inférieures blanchâtres avec des marques sombres sur le haut de la poitrine. Le bec est conique et de couleur jaune maïs. Espèce assez grégaire en dehors de la période de reproduction que l'on rencontre par paire ou en petits groupes se nourrissant de graines au sol. Le chant est le trait le plus caractéristique de cette espèce, un chant harmonieux constitué de notes liquides émis le plus souvent en vol. Endémique à Madagascar, où elle est commune. Fréquente les espaces découverts ou modérément boisés, les routes, les sentiers, les lits secs des rivières et les abords herbeux des lacs. Une des rares espèces endémiques adaptées à la savane herbeuse des Hauts Plateaux du centre issue de l'activité humaine.

Madagascar Wagtail

Very elegant and conspicuous passerine, with a slender silhouette and long legs. Plumage is contrasting: grey upperparts, yellow and white underparts with a distinctive black V-shaped collar, and long black tail edged with white. Female is paler than male. Juvenile differs from adult in its less conspicuous supercilium and faint V-shaped collar. Readily accepts human presence; a common bird in gardens. The song is a typical and melodious bisyllabic call. This largely terrestrial species is usually found in pairs in open areas near water, where it looks for insects. Endemic to Madagascar, where it is common.

Bergeronnette malgache

Passereau très élégant et remarquable, à la silhouette élancée et aux longues pattes. Plumage contrasté, gris dessus, jaune et blanc dessous, un collier caractéristique noir en forme de V et une longue queue noire bordée de blanc. La femelle a un plumage plus pâle que celui du mâle. Le juvénile diffère des adultes par un sourcil moins marqué et le collier en forme de V à peine visible. Espèce peu farouche en présence de l'homme et commune dans les jardins et autour des habitations. Chant caractéristique, mélodieux et bisyllabique. Cette espèce en partie terrestre est observée par paire dans les zones ouvertes à proximité de l'eau, où elle recherche les insectes. Endémique à Madagascar et communément observée.

♂

Madagascar Cuckooshrike

Robust, stocky, medium-sized passerine with colour pattern and behaviour reminiscent of a vanga. Characterized by slate-grey upperparts, black hooded head (grey in female), light grey underparts, and a short black bill. Juvenile differs from female in its light brown-edged upperparts and upperwing. Sometimes found alone or in pairs, but more often with other forest species, especially vangas. Looks for insects and caterpillars in the mid- and upper-levels of the forest. Call is a rapid 'dee-dee-dee'. Endemic to Madagascar. Common in the eastern rainforest, deciduous dry forest, spiny bush forest, and adjacent secondary forests.

Echenilleur malgache

Passereau de taille moyenne, robuste et massif au code de couleur et au comportement rappelant celui d'un vanga. Caractérisé par des parties supérieures gris ardoise, une tête capuchonnée de noir (gris chez la femelle), des parties inférieures gris clair et un bec court noir. Le juvénile diffère de la femelle par les parties supérieures et les sus-alaires liserées de brun clair. Parfois observé seul ou par paire, mais le plus souvent en compagnie d'autres espèces forestières, en particulier des vangas. Recherche des insectes et des chenilles dans les étages forestiers moyens et supérieurs. Le cri est une sorte de 'dii-dii-dii' rapide. Endémique à Madagascar. Commun dans la forêt pluviale de l'est, dans la forêt sèche caducifoliée, dans le bush épineux subaride et dans les forêts secondaires adjacentes.

 ♂

Madagascar Magpie Robin
Medium-sized pied passerine with three distinguished subspecies. Male is jet black with a large and distinctive white wing bar, or black above and mostly white below with a white bar across the wing. Female is mostly brownish above and greyish below with a distinctive white wing bar. Males are aggressive towards each other. Call is melodious and composed of high-pitched whistles. Usually found on the forest floor feeding on insects and, occasionally, berries. Endemic to Madagascar. Found in the eastern rainforest, western deciduous dry forest, southern spiny bush forest, as well as secondary forests.

Dyal malgache
Passereau de taille moyenne au plumage pie, avec trois sous-espèces distinctes. Le mâle est de jais avec une barre alaire blanche caractéristique, ou alors noir dessus et presque entièrement blanc dessous avec une barre alaire blanche. La femelle est principalement marron brun dessus et grisâtre dessous avec une barre alaire blanche caractéristique. Les mâles sont agressifs les uns envers les autres. Le chant est mélodieux, composé de trilles aigues. Observé généralement sur le sol forestier se nourrissant d'insectes et parfois de baies. Endémique à Madagascar. Fréquente la forêt pluviale de l'est, la forêt sèche caducifoliée de l'ouest, le bush épineux subaride du sud ainsi que les forêts secondaires.

♂

Littoral Rock-Thrush

Similar to Forest Rock-Thrush, but confusion is unlikely as these species do not occur together. Male differs from female by having pale blueish-grey head and back, and orangey underparts; female is uniformly drab greyish-brown. Both sexes have unusually robust, long bills. Mostly seen perched on small bushes and shrubs, from where it hunts. Hides in the shade of bushes during intense heat. Song is a melodious series of notes emitted from an exposed perch. Endemic to Madagascar, where it is common in the southern coastal, sandy plain.

Merle de roche du sub-désert

Assez similaire au Merle de roche de forêt, mais il n'y a pas de confusion possible car les deux espèces n'ont pas la même zone de distribution. Le mâle diffère de la femelle par la tête et le dos d'un gris bleuté pâle et par des parties inférieures du corps d'une teinte orangée. La femelle est uniformément brun grisâtre terne. Les deux sexes ont le bec inhabituellement long et robuste. Généralement observé perché sur des petits buissons ou arbustes, d'où il chasse. Il se cache à l'ombre des buissons lorsqu'il fait très chaud. Le chant, une série de notes mélodieuses, est émis d'un perchoir exposé. Espèce endémique à Madagascar, où elle est commune dans la frange littorale et sableuse du sud.

95

O'

African Stonechat

Small passerine with a plump silhouette.
Male is black above with a distinctive
half white collar and a reddish spot in
the middle of the breast. Female is
brownish above and light cream below.
Both sexes display a white patch on the
wing in flight. Call is a 'weee-chak'.
Common throughout Madagascar and
Grande Comore. Found in open areas
including gardens, river banks, and
lake surroundings.

Traquet pâtre

Petit passereau à la silhouette ronde. Le
mâle est noir dessus avec une moitié de
collier blanche et une tâche roux orange
au milieu de la poitrine. La femelle est
brune dessus et de couleur crème clair
dessous. En vol, les deux sexes révèlent
une tâche alaire blanche. Commun dans
tout Madagascar et en Grande Comore.
Observé dans les zones ouvertes comme
les jardins, les bords des rivières et les
abords des lacs.

♂

Réunion Stonechat

Small and plump bird appearing black and white at a distance. Male shows dark brown upperparts, orange-washed underparts, a white throat, a distinctive white supercilium, a white wing bar, and white upper tail coverts. Male is polymorphic; the intensity of the orange coloration and extent of the white supercilium vary in individuals. Female is a less contrasted version of male, with striated brown upperparts. Found alone or in pairs when looking for insects from an unconcealed perch in a typical upright position. Often flicks wings nervously. Endemic to Réunion. Common in open areas with scattered bushes, heathland, and farmlands at high altitude.

Tarier de la Réunion

Petit oiseau replet apparaissant noir et blanc à distance. Le mâle a les parties supérieures brun sombre, les parties inférieures orange délavé, la gorge blanche, un sourcil blanc caractéristique, une barre blanche sur l'aile et les sous-caudales blanches. Le mâle est polymorphique : l'intensité de la coloration orange et l'étendue du blanc du sourcil varient selon les individus. La femelle est une version moins contrastée du mâle avec les parties supérieures brun strié. Observé seul ou en couple à la recherche d'insectes capturés à partir d'un perchoir bien visible, sur lequel il se tient raide dans une posture verticale caractéristique. Bat souvent nerveusement des ailes. Endémique à la Réunion. Commun dans toutes les espaces de'couverts avec des buissons épars, dans la végétation naturelle montagnarde et sur les terres cultivées en altitude.

Common Newtonia

Small, plump passerine with grey head, upperparts and tail. Underparts are white tinged with rosy tan. The pale yellow eye is distinctive. Frequently associated with other forest species. Call is a powerful song of rapid resonant staccato notes delivered from an unconcealed perch. Feeds on insects. Endemic to Madagascar. Commonly found in the eastern rainforest, western deciduous dry forest, and spiny bush forest.

Newtonie commune

Petit passereau replet au plumage gris sur la tête, les parties supérieures et la queue. Les parties inférieures sont blanches teintées de beige rosé. L'œil jaune pâle est caractéristique. Souvent associé à d'autres espèces forestières. Le chant, émis d'un perchoir caché, est puissant avec une succession de notes sonores enchaînées rapidement. Se nourrit d'insectes. Endémique à Madagascar. Commune dans la forêt pluviale de l'est, dans la forêt sèche caducifoliée de l'ouest et dans le bush épineux subaride.

white phase/phase blanche ♂

rufous phase/phase rousse ♂

Madagascar Paradise-Flycatcher

Fairly large, black-headed bird with slender silhouette. Male displays two main phases: black and white, and rufous and black. Shows a consistent black head, white wing bar and a distinctive elongated white tail. Female is entirely rufous, except for a black cap, and lacks the extended tail. Found in the lower and middle levels of the forest, as well as in secondary forests, tree plantations and wooded gardens. Feeds on insects often captured in the wings. Call is a melodious whistle. Endemic to the region. Common in the eastern rainforest, western deciduous dry forest and spiny bush forest of Madagascar, as well as in the rainforest of the Comoros.

Gobe-mouche de paradis de Madagascar

Assez grand passereau, à la silhouette élancée et à la tête noire. Il existe deux phases chez le mâle : noir et blanc, et orange et noir. Quelle que soit la phase, le mâle a la tête noire, une barre blanche sur l'aile et présente des rectrices blanches allongées. La femelle est entièrement rousse, à l'exception de la tête qui est noire, et n'a pas les rectrices allongées. Observé dans les strates forestières inférieures et moyennes, ainsi que dans les forêts secondaires, les plantations arborées et les jardins boisés. Se nourrit d'insectes souvent capturés en vol. Le chant est un sifflement mélodieux. Cette espèce endémique de la région est commune dans la forêt pluviale de l'est, dans la forêt sèche caducifoliée de l'ouest et dans le bush épineux subaride de Madagascar, ainsi que dans la forêt pluviale aux Comores.

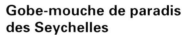

Seychelles Black Paradise-Flycatcher

Unmistakable, fairly large flycatcher with slender silhouette. Male is entirely black except for a blue bill and facial skin, with a very distinctive, elongated black tail. Female and juvenile lack the elongated tail and have black hoods, rufous upperparts, and whitish underparts and collar. Call is a frequently repeated whistle. Endemic and restricted to the Seychelles on La Digue and Marianne, where uncommon, and also possibly on Praslin. Found in the lowland forest, tree plantations, and wooded gardens. Population is less than 200 individuals.

Gobe-mouche de paradis des Seychelles

Gobe-mouche, assez grand à la silhouette élancée ne pouvant être confondu avec aucune autre espèce. Le mâle est entièrement noir à l'exception du bec et d'une zone faciale dénudée bleus, avec une longue queue allongée caractéristique. La femelle et le juvénile n'ont pas la queue allongée et ont un capuchon noir, les parties supérieures rousses, les parties inférieures et le collier blanchâtres. Le chant est un sifflement fréquemment répété. Endémique des Seychelles où la distribution est restreinte à la Digue et à Marianne, où l'espèce est peu commune, et peut-être à Praslin. Fréquente la forêt de basse altitude, les plantations arborées et les jardins boisés. La population compte moins de 200 individus.

Long-billed Greenbul

Slender forest bird characterized by green upperparts, yellowish underparts and a relatively long bill. Found in pairs, small groups and also frequently with other species. Feeds in the lower part of the forest, climbing up and down tree trunks or crawling on vines to catch small insects. Call is a loud 'cheer-cheer'. Endemic to Madagascar. Commonly found in the eastern rainforest and western deciduous dry forest, but absent from the southern spiny bush forest. Also found in secondary forests adjacent to undisturbed forests.

Bulbul de Madagascar

Oiseau forestier à la silhouette élancée, aux parties supérieures vertes, aux parties inférieures jaunâtres et au bec droit assez long proportionnellement à la taille de l'oiseau. Observé par paire, en petits groupes et souvent associé à d'autres espèces. Se nourrit dans la strate inférieure de la forêt, montant et descendant les troncs d'arbres ou se faufilant sur les plantes grimpantes pour attraper des petits insectes. Le chant est une sorte de 'chiir-chiir' sonore. Endémique à Madagascar. Commun dans la forêt pluviale de l'est et dans la forêt sèche caducifoliée de l'ouest, mais absent du bush épineux subaride du sud. Observé également dans les forêts secondaires adjacentes aux forêts intactes.

Madagascar Bulbul

Large, easily identifiable bird with slender silhouette. Shows dark grey upperparts, light grey underparts, a strong orange bill and a black cap. Feathers of the cap are frequently slightly raised. Gregarious species outside of the breeding season: found in groups of up to 15 individuals as well as with other bird species when looking for food. Call is distinctively plaintive, nasal, bisyllabic and delivered from an unconcealed perch. Endemic to the region. Found throughout Madagascar, on all the islands of the Comoros, and on Aldabra. Very common in all natural forest types, tree plantations and gardens.

Bulbul noir

Grand passereau, facile à identifier, à la silhouette élancée. Parties supérieures du corps gris sombre, parties inférieures gris clair, un fort bec orange et une tête noire. Les plumes de la tête sont souvent légèrement hérissées. Espèce grégaire en dehors de la saison de reproduction, dont les groupes peuvent rassembler jusqu'à 15 individus. En milieu forestier se joint aux groupes plurispécifiques pour la recherche de nourriture. Le chant est caractéristique, plaintif, nasillard, bi-syllabique et émis d'un perchoir le plus souvent caché. Observé dans tout Madagascar, sur toutes les îles des Comores et sur Aldabra. Cette espèce endémique de la région est très commune dans tous les types de forêts naturelles, dans les plantations arborées et dans les jardins.

Pycnonotus jocosus

20 cm

Red-whiskered Bulbul

Medium-sized bulbul with brown
upperparts, whitish underparts, a
distinctive black cap raised in a crest, a
conspicuous white cheek and throat,
a red patch behind the eye, and rufous
undertail coverts. Tail is long with white-
tipped external rectrices. Juvenile lacks
red patch and rufous undertail coverts.
Vocal species with a varied repertoire of
chatters and whistles. Gregarious, found
in pairs or small groups. Introduced to
Mauritius, Réunion and Assumption.
Common species, well adapted to man-
made environments, secondary forests,
gardens, parks, and farmlands.

Bulbul orphée

Bulbul de taille moyenne caractérisé par
des parties supérieures brunes, des parties
inférieures blanchâtres, une tête noire
surmontée d'une crête maintenue érigée,
la joue et la gorge d'un blanc distinctif,
une tâche rouge derrière l'œil et des sous-
caudales rousses. La queue est longue
avec des rectrices externes liserées de
blanc. Le juvénile n'a pas de tâche rouge
derrière l'œil ni les sous-caudales rousses.
Espèce loquace avec un registre varié de
sifflements et de babillages. Grégaire,
observé par paire ou en petits groupes.
Introduit à Maurice, à la Réunion et à
Assomption. Espèce commune, bien
adaptée aux habitats anthropiques, aux
forêts secondaires, aux jardins, parcs
et terres cultivées.

Seychelles Bulbul

Rather large chunky bulbul characterized by brownish-grey plumage, a black cap and a robust orange bill. Gregarious, observed in pairs or small noisy groups. Very vocal, with a large repertoire made of whistles and nasal chatters. Common endemic to the Seychelles. One of the Seychelles endemics best adapted to man-made environments. Found commonly in the native forest patches, secondary growth, wooded areas, parks, and gardens on Mahé, Praslin, La Digue, and Silhouette.

Bulbul des Seychelles

Bulbul assez grand, massif, caractérisé par un plumage gris brun, une calotte noire et un robuste bec orange. Grégaire, observé par paire ou au sein de petits groupes bruyants. Très loquace, avec un registre vocal varié composé de sifflements et de babillements nasillards. Espèce endémique aux Seychelles où elle est commune. Une des espèces endémiques les mieux adaptées aux habitats créés par l'homme. Fréquente communément les parcelles de forêt naturelle, les forêts secondaires, les zones arborées, les parcs et les jardins de Mahé, Praslin, La Digue et Silhouette.

Souimanga Sunbird

Small sunbird with slim silhouette. Breeding male shows a distinctive metallic green head, throat and mantle; a metallic blue chest underlined by a dark red band, and a yellow belly. The black bill is typically decurved. Female is greyish-brown above and pale yellow below with darker streaks on the breast. Highly vocal species with a varied repertoire that includes a mewing, plaintive call. Endemic to the region. Commonly found in all types of woodlands, including secondary forests and gardens throughout Madagascar and on Aldabra.

Souimanga malgache

Petit souimanga à la silhouette élancée. Le mâle en plumage nuptial se distingue par sa couleur vert métallique sur la tête, sur la gorge et sur le manteau, une poitrine bleu métallique soulignée d'une bande rouge sombre et un ventre jaune. Bec noir et arqué. La femelle est gris brun dessus et jaune pâle dessous avec des stries plus sombres sur la poitrine. Espèce très loquace au registre varié notamment constitué par un chant miaulé et plaintif. Cette espèce endémique de la région fréquente dans tous les types de zones boisées y compris les forêts secondaires et les jardins dans tout Madagascar et sur Aldabra.

Madagascar Green Sunbird

Large sunbird with a long, decurved black bill. Breeding male is metallic blue-green with black belly and wings. Non-breeding male and female show brown-grey upperparts and yellow-grey underparts marked with dark streaks. Juvenile differs from female in its solid grey chin, throat and chest. Active species usually found in pairs in forested landscapes, looking for insects and nectar. Call is a sharp and high-pitched 'twee-twee'. Endemic to the region. Commonly found in all types of woodlands, including secondary forests and gardens, throughout Madagascar and on Mohéli.

♂

Souimanga angaladian

Souimanga de grande taille au long bec noir arqué. Le mâle en plumage nuptial est gris bleu métallique avec le ventre et les ailes noirs. Le mâle en plumage non nuptial et la femelle ont les parties supérieures du corps brun gris et les parties inférieures jaune gris avec des stries sombres. Le juvénile diffère de la femelle par la couleur grise uniforme du menton, de la gorge et de la poitrine. Espèce active, généralement observée par paire dans les paysages arborés, à la recherche d'insectes ou de nectar. Le chant est une sorte de 'twii-twii' perçant et aigu. Cette espèce endémique de la région est fréquente tous les types de zones boisées y compris les forêts secondaires et les jardins dans tout Madagascar et sur Mohéli.

Humblot's Sunbird

Male has olive-green upperparts, metallic blue-green throat, and red-orange breast with bright pectoral tufts visible when excited. The bill is shorter than other sunbirds of the region. Female has greenish upperparts and yellowish underparts with darker streaks on the throat, breast, upper belly and flanks. Very active species found in pairs and small groups outside the breeding season. Endemic to the Comoros. Found in the rainforest and adjacent secondary forest of Grande Comore and Mohéli, where it is fairly common.

Souimanga de Humblot

Le mâle a les parties supérieures vert olive, la gorge bleu vert et la poitrine rouge orangé avec des plumes pectorales de couleur jaune vif, visibles lorsque l'oiseau est excité. Le bec est plus court que celui des autres souimangas de la région. La femelle a les parties supérieures verdâtres et les parties inférieures jaunâtres avec des stries plus sombres sur la gorge, sur la poitrine, sur le dessus du ventre et sur les flancs. Espèce très active observée en couple ou au sein de petits groupes en dehors de la période de reproduction. Endémique aux Comores. Fréquente la forêt pluviale et les forêts secondaires adjacentes de Grande Comore et de Mohéli, où l'espèce est assez commune.

Seychelles Sunbird

Male is brownish-grey overall except for striking metallic blue throat and upper breast, bright yellow pectoral tufts and long decurved bill. Female is brownish overall with darker streaks on throat and breast. Very active and vocal species found in pairs. Common endemic to the Seychelles, where it is the only sunbird. Found in secondary forests, woodlands, parks, and gardens. The endemic bird species of the Seychelles most successfully adapted to man-made environments.

Souimanga des Seychelles

Le mâle est brun gris partout à l'exception de la gorge et du haut de la poitrine qui sont d'un bleu métallique saisissant, et des plumes pectorales jaune vif. Le bec est long et arqué. La femelle a une teinte générale brunâtre avec des stries plus sombres sur la gorge et sur la poitrine. Espèce très active et loquace, observée en couple. Espèce endémique des Seychelles, où elle est le seul représentant des souimangas. Commune dans les forêts secondaires, les zones boisées, les parcs et les jardins. Elle est l'espèce d'oiseau endémique aux Seychelles la mieux adaptée aux habitats créés par l'homme.

♀

Madagascar White-eye

Small gregarious passerine with green upperparts and a characteristic white eye-ring. Underparts are grey, except for distinctive bright yellow throat and undertail coverts. Juvenile differs from adult in its duller plumage and smaller eye-ring. Found in groups of up to 40 individuals, but also frequently associated with other species, especially sunbirds. Call is a variable 'tsee-tsiree'. Endemic to the region. Common throughout Madagascar, and on the islands of Mohéli, Anjouan, Aldabra, Cosmolédo, and Astove. Found in all natural forest types, tree plantations, wooded gardens, and mangroves.

Zostérops malgache

Petit passereau grégaire aux parties supérieures du corps vertes et à l'anneau blanc caractéristique autour de l'œil. Les parties inférieures sont grises, à l'exception de la gorge et des sous-caudales jaunes. Le juvénile diffère de l'adulte par le plumage plus terne et par l'anneau périoculaire plus petit. Espèce que l'on rencontre souvent en groupe rassemblant jusqu'à 40 individus, et fréquemment associée à d'autres espèces, en particulier des souimangas. Le chant est une sorte de 'tsii-tsirii' variable. Cette espèce endémique de la région est commune dans tout Madagascar et sur les îles de Mohéli, d'Aldabra, de Cosmolédo et d'Astove. Fréquente tous les types de forêts naturelles, les plantations arborées, les jardins boisés et les mangroves.

Réunion Olive White-eye

Small, plump passerine characterized by a blackish forehead contrasting with white orbital ring. Plumage is olive green above and light grey below. Differs from Réunion Grey White-eye in having darker plumage, dark rump, yellowish undertail coverts, conspicuous white orbital ring and slightly decurved, thinner bill. Usually found in pairs; more rarely in small loose groups. Call is a brief monosyllabic whistle. Endemic to Réunion. Found in the middle and high altitude rainforests, where it is common.

Zostérops de la Réunion

Petit passereau rondelet caractérisé par un front noirâtre contrastant avec un anneau orbital blanc. Le plumage est vert olive dessus et gris clair dessous. Diffère du Zostérops des Mascareignes par le plumage plus sombre, le croupion sombre, les sous-caudales jaunâtres, l'anneau orbital blanc bien visible et le bec plus fin et légèrement arqué. Généralement observé par paire, plus rarement au sein de groupes lâches. Le chant est un bref sifflement monosyllabique. Endémique à la Réunion. Fréquente la forêt pluviale en moyenne et haute altitude, où l'espèce est commune.

♂

Rufous Vanga

Medium-sized vanga with a conical grey-blue bill, white underparts, rufous upperparts, with a black hood (male) or black cap (female). Strictly forest species usually found in pairs, family groups or as part of multi-specific bird feeding parties. Spends long intervals looking for prey from an unconcealed perch. Call is harmonious and varied, frequently interrupted by loud clacking of the bill. Endemic to Madagascar, where it is relatively common. Found in the eastern rainforest and deciduous dry forest.

Artamie rousse

Passereau de taille moyenne au bec conique bleu gris, aux parties inférieures du corps blanches, aux parties supérieures rousses et au capuchon (chez le mâle) ou à la calotte (chez la femelle) noir. Espèce strictement forestière généralement observée par couple, au sein de groupes familiaux ou encore associée à des troupes plurispécifiques à la recherche de nourriture. Passe de longs moments à guetter ses proies depuis un poste d'affût bien visible. Le chant est harmonieux et varié, fréquemment interrompu par des claquements de bec sonores. Endémique à Madagascar où l'espèce est assez commune. Fréquente la forêt pluviale de l'est et la forêt sèche caducifoliée.

111

 ♂

Madagascar Blue Vanga

Small vanga with electric-blue upperparts, pure white underparts, a pale eye and a light blue bill. Strictly forest species, found in pairs and in small multi-species bird parties outside of the breeding season. Juvenile is a duller version of adult with dark bill and eye. Frequently associated with other vanga species. Frequents the medium and upper levels of the forest. Call is a harsh 'teea-teea'. Endemic to Madagascar. Relatively common in the eastern rainforest and deciduous dry forest.

Artamie azurée

Spectaculaire vanga de petite taille aux parties supérieures bleu électrique, aux parties inférieures d'un blanc pur, à l'œil pâle et au bec bleu clair. Espèce strictement forestière, observée par paire et au sein de petites troupes plurispécifiques en dehors de la saison de reproduction. Le juvénile est une version plus terne de l'adulte avec l'œil et le bec sombres. S'associe fréquemment avec d'autres espèces de vangas. Fréquente les strates forestières moyennes et supérieures. Endémique à Madagascar. Assez commune dans la forêt pluviale de l'est et la forêt sèche caducifoliée.

Sickle-billed Vanga

Unique-looking bird with a long deeply decurved whitish bill. Plumage is entirely white except for black back, wings, and tail. The largest of all the vangas. Found in groups of up to 40 individuals. Looks for insects by probing rotten sections of branches, peeling the bark and searching cracks and hollows. Flight is noisy and cumbersome. Call is uttered in groups and is plaintive, like a newborn baby. Endemic to Madagascar, where it is common. Found in the mid- and upper-levels of the western deciduous dry forest, and in the southern spiny bush forest.

Falculie mantelée

Vanga d'aspect singulier au long bec blanchâtre fortement arqué. Plumage entièrement blanc à l'exception du dos, des ailes et de la queue noirs. Le plus grand de tous les vangas. Observée au sein de groupes pouvant rassembler jusqu'à 40 individus. Recherche des insectes en sondant les bois morts, les écorces décollées, les fentes et les trous des branches. Le vol est sonore et assez lourd. Le chant est émis en concert par les groupes, un chant plaintif évoquant les pleurs d'un nouveau-né. Endémique à Madagascar, commune. Fréquente les strates moyennes et supérieures de la forêt sèche caducifoliée et du bush épineux subaride du sud.

Chabert's Vanga

Entirely black above and white underneath with a sturdy greyish-blue bill and a distinctive sky-blue eye-ring. Sexes are alike. Juvenile differs from adult in its white mottled upperparts. Social species, found in groups of up to 32 individuals and occasionally as part of flocks composed of other vanga species. Forest bird, often seen hanging upside down to look for prey. Call is a 'tse-tse-push'. Endemic to Madagascar. Common in the eastern rainforest, western deciduous rainforest, southern spiny bush forest, and secondary forest.

Artamie de Chabert

Petit vanga entièrement noir dessus et blanc dessous avec un bec conique gris bleu et un anneau bleu ciel caractéristique autour de l'œil. Les deux sexes sont semblables. Le juvénile diffère de l'adulte par des parties supérieures chinées de blanc. Espèce grégaire, observée au sein de groupes pouvant rassembler jusqu'à 32 individus et parfois au sein de troupes comportant d'autres espèces de vangas. Oiseau forestier, souvent observé pendulant pour rechercher sa nourriture. Le chant est une sorte de 'tsi-tsi-poush'. Endémique à Madagascar. Commune dans la forêt pluviale de l'est, dans la forêt caducifoliée de l'ouest, dans le bush épineux subaride du sud et dans la forêt secondaire.

Hook-billed Vanga

This large black-and-white vanga is more often heard than seen. The powerful and fiercely hooked bill, white stripes on the wings, and pied barred tail are diagnostic. Pied plumage is more obvious in flight. Immature is duller, has a greyish head and pale-tipped feathers on the mantle and wings. Call is a long drawn out 'seeeeeeeooooo'. Endemic to Madagascar, where it is fairly common in primary and degraded woodland and forests.

Vanga écorcheur

Ce grand vanga noir et blanc est plus souvent entendu qu'observé. Le bec puissant se terminant par un impressionnant crochet, les marques alaires blanches et la queue pie et barrée sont caractéristiques de l'espèce. Le plumage pie est plus évident en vol. L'immature est plus terne, avec une tête grisâtre et des plumes du manteau et des ailes aux bords pâles. Le chant est un long 'siiiiiiiioouuuu' étiré très aigu. Espèce endémique à Madagascar, où elle est assez commune dans les forêts et les zones boisées primaires et secondaires.

adult/adulte

immature

Crested Drongo

Unmistakable large, entirely black bird with distinctive erect feathers on the forehead. Easily identified in flight by its long and deeply notched tail. Juvenile differs from adult in its white mottled underparts and upperwing coverts. Aggressive towards other bird species during breeding; more social when breeding time is over. Often seen with other species in multi-specific feeding flocks. Call is a nasal, shrill and inharmonious arrangement of rapid notes. Endemic to the region. Common in the eastern rainforest, western deciduous rainforest, southern spiny bush forest, as well as in the secondary forest and wooded areas of Madagascar and on Anjouan.

Drongo malgache

Oiseau ne pouvant être confondu avec aucune autre espèce, entièrement noir avec des plumes noires dressées de façon caractéristique sur le front. Facile à identifier en vol par sa longue queue fortement échancrée. Le juvénile diffère de l'adulte par des parties inférieures et par les couvertures sus-alaires chinées de blanc. Agressif à l'encontre des autres espèces d'oiseaux pendant la période de reproduction, davantage grégaire en dehors de la saison de reproduction. Souvent observé au sein de troupes plurispécifiques constituées pour optimaliser la recherche de nourriture. Le chant est une suite rapide de notes nasillardes, aiguës et peu harmonieuses. Cette espèce endémique de la région est commune dans la forêt pluviale de l'est, dans la forêt caducifoliée de l'ouest, dans le bush épineux subaride du sud ainsi que dans les forêts secondaires et les zones arborées de Madagascar et sur Anjouan.

Mayotte Drongo

Large, entirely black passerine, with a
distinctive long, deeply forked tail. Sexes
are alike. Found alone or in pairs; very
territorial and aggressive towards many
bird species. Call is typical of drongos:
jumbled and coarse. Forest species
distributed in the rainforest and adjacent
secondary forest, as well as plantations
with large trees. Endemic to Mayotte,
where fairly common.

Drongo de Mayotte

Grand passereau tout noir, à la longue
queue très fourchue caractéristique. Les
deux sexes sont semblables. Observé
seul ou par paire, très territorial et
agressif à l'encontre de nombreuses
espèces d'oiseaux. Le chant est typique
des drongos : déstructuré et éraillé.
Espèce forestière fréquentant la forêt
pluviale et les forêts secondaires
adjacentes, ainsi que les plantations
avec de grands arbres. Endémique à
Mayotte où l'espèce est assez commune.

Pied Crow

The largest passerine of the region. Entirely black with a conspicuous white belly. Sexes are alike. Fairly gregarious outside of the breeding season, found in loose groups of up to 50 individuals. Vocal species, frequently emitting a dissonant raucous call. Common throughout Madagascar, the Comoros and Aldabra. Found in moderately wooded areas, riversides, and beaches. Well adapted to man-made environments.

Corbeau pie

Le plus grand passereau de la région. Entièrement noir avec un ventre blanc caractéristique. Les deux sexes sont semblables. Oiseau assez grégaire en dehors de la période de reproduction, observé dans des groupes lâches pouvant rassembler jusqu'à 50 individus. Espèce loquace, émettant fréquemment un chant rauque et disharmonieux. Commun dans tout Madagascar, aux Comores et à Aldabra. Fréquente les zones modérément arborées, les bords des rivières et les plages. Bien adapté aux milieux transformés par l'homme.

Common Myna

Large starling with brown upperparts, chestnut brown underparts and white undertail coverts. Characterized by an orange bill and broad bare yellow skin around the eye. In flight, displays diagnostic white wing markings. Extraordinarily gregarious outside of the breeding season: found in parties of several dozens feeding on the ground and groups of several hundreds congregating at night roosts. Highly vocal; song is fluted, harmonious and highly variable. Well adapted to man-made environments. Widely distributed throughout Madagascar, the Comoros, the Mascarenes and the Seychelles, where it is common. Originally from Asia; initially introduced to the region for pest control.

Martin triste

Grand étourneau aux parties supérieures brunes, aux parties inférieures marron et aux sous-caudales blanches. Se distingue par un bec orange et une large zone nue périophtalmique jaune. En vol, révèle une barre alaire blanche caractéristique. Incroyablement grégaire en dehors de la période de reproduction, observé au sein de troupes de plusieurs dizaines d'individus se nourrissant au sol, et dans des groupes de plusieurs centaines d'individus se rassemblant dans les dortoirs. Très loquace, le chant est flûté, harmonieux et variable. Bien adapté aux habitats d'origine anthropique. Large distribution dans tout Madagascar, aux Comores, aux Mascareignes et aux Seychelles où il est commun. Originairement d'Asie, introduit dans la région initialement dans un but de contrôle de la prolifération des criquets.

Sakalava Weaver

Shows a distinctive bright yellow hood, a grey belly, brownish upperparts, a pale grey bill, and a bare reddish circle around the eye. Non-breeding male and female are mostly light brown with a reduced bare part around the eye, and a pale eyebrow. Very gregarious, often in areas occupied by humans. Found in flocks of up to 250 individuals. Breeds in colonies in large trees. Call is a high-pitched 'dji-dji'. Endemic to Madagascar. Common in the western deciduous dry forest and southern spiny bush forest.

Tisserin sakalave

Tisserin à la calotte jaune vif caractéristique, au ventre gris, aux parties supérieures brunâtres, au bec gris pâle et à une zone dénudée périoculaire rouge. Le mâle en plumage non nuptial et la femelle sont presque entièrement brun clair avec une zone périophtalmique nue réduite et un sourcil pâle. Très grégaire et fréquente souvent les zones à présence humaine. Observé dans des troupes pouvant rassembler jusqu'à 250 individus. Niche en colonie dans des grands arbres. Le chant est une sorte de 'dji-dji' aigu. Endémique à Madagascar. Commun dans la forêt sèche caducifoliée de l'ouest et dans le bush épineux sub-aride du sud.

♂

Madagascar Fody

Unmistakable small bright red passerine with brown wings. Female, non-breeding male and juvenile are sparrow-like, although smaller with lighter greyish-brown underparts. Gregarious outside of the breeding season. Flocks can number up to several hundred individuals in areas where food is plentiful. Call is a high-pitched 'cheet-cheet'. Endemic to Madagascar. Common in any natural open or degraded areas, croplands, parks, and gardens. Introduced to the Comoros, the Mascarenes and the Seychelles.

♂

Foudi de Madagascar

Petit passereau rouge vif à ailes brunes ne pouvant être confondu avec aucune autre espèce. La femelle, le mâle en plumage non nuptial et le juvénile rappellent un moineau de petite taille, avec des parties inférieures d'un gris brun plus clair. Grégaire en dehors de la saison de reproduction. Les troupes peuvent rassembler jusqu'à plusieurs centaines d'individus dans les zones où la nourriture est abondante. Le chant est une sorte de 'chiit-chiit' aigu. Endémique à Madagascar. Commun dans toutes les zones naturelles de'couvertes ou dégradées, dans les zones cultivées, dans les parcs et jardins. Introduit aux Comores, aux Mascareignes et aux Seychelles.

Seychelles Fody

Small passerine with a pretty inconspicuous dark plumage. Breeding male is brownish overall except for a yellowish-orange wash across its face. Non-breeding male, female and juvenile are sparrow-like with darker brownish upperparts and underparts. Distinguished from Madagascar Fody (p. 121) by smaller size and dark brown plumage. Gregarious, found in groups of up to 10 individuals. Endemic to the Seychelles. Found in low shrub and wooded coastal areas on Cousin, Cousine, and Frégate. Introduced to D'Arros.

 ♀

Foudi des Seychelles

Petit passereau au plumage sombre assez discret. Le mâle en plumage nuptial est d'une teinte brunâtre partout sauf une zone teintée de jaune orangé sur la face. Le mâle en plumage non nuptial, la femelle et le juvénile ressemblent à un moineau avec des parties supérieures et inférieures d'un brun plus sombre. Se distingue du Foudi de Madagascar (p. 121) par sa plus petite taille et par son plumage brun sombre. Grégaire, observé dans des groupes pouvant rassembler jusqu'à 10 individus. Endémique aux Seychelles. Fréquente les zones côtières couvertes d'arbres et de buissons de Cousin, Cousine et Frégate. Introduit à D'Arros.

Common introduced species

The following species have either been deliberately or accidentally introduced, or have made their own way and settled on various islands. In most cases they have set up viable populations and are seldom impacting on the endemic bird populations, except in the case of pest species such as Ring-necked Parakeet and House Crow.

Espèces introduites communes

Les espèces décrites ci-dessous ont été volontairement ou accidentellement introduites, ou se sont installées sur certaines îles de leur propre initiative. Dans la plupart des cas, elles ont constitué des populations viables et ont rarement un impact sur les populations d'oiseaux endémiques, à l'exception de certaines espèces comme la Perruche à collier et le Corbeau familier.

Francolinus pondicerianus
33-35 cm

 Grey Francolin
Small grey and brown game bird found in grasslands and scrub. Originally from Asia. Occurs on the Mascarenes and Seychelles.

 Francolin gris
Oiseau gris et brun rappelant une perdrix, rencontré dans les zones herbeuses et de broussailles. Originaire d'Asie. Présent aux Mascareignes et aux Seychelles.

Columba livia
32-33 cm

 Rock Dove (Feral Pigeon)
Varied plumage from grey and black to brown with white patches. Origins obscure. Common around towns and villages, and kept as livestock on many islands.

 Pigeon biset
Plumage variable du gris et noir au brun avec des tâches blanches. Origine indéterminée. Commun autour des villes et des villages et souvent élevé sur plusieurs îles.

Psittacula krameri

 Ring-necked Parakeet
Bright green parrot with long pointed tail
found in woodland, parks and gardens.
Originally from Asia and Africa. Common
on Mauritius.

 Perruche à collier
Perruche d'une couleur vert vif à la queue
longue et pointue, fréquentant les zones
boisées, les parcs et les jardins. Originaire
d'Asie et d'Afrique. Commune sur
l'île Maurice.

Corvus splendens

 House Crow
A grey and black crow found in towns and
villages. Originally from Asia. Found on
Mauritius and Seychelles, but could occur
on any island.

 Corbeau familier
Corbeau gris et noir fréquentant les villes
et les villages. Originaire d'Asie. Observé
à l'île Maurice et aux Seychelles, mais
sa distribution pourrait s'étendre à
toutes les îles.

Passer domesticus

 House Sparrow
Small finch-like grey and brown bird with
black bib, seen around human habitation.
Originally from Asia. It has colonized a
few islands but could occur anywhere.

 Moineau domestique
Petit oiseau passereau granivore de
couleur grise et brune, à bavette noire.
Observé autour des habitations humaines.
Originaire d'Asie. A colonisé quelques
îles, mais sa distribution pourrait
s'étendre à l'ensemble de la région.

Ploceus cucullatus

 Village Weaver

Bright yellow and black and dowdy olive colours. Seen around towns and villages in small flocks. Originally from Africa. Common on Mauritius and Réunion.

Tisserin gendarme

Oiseau aux couleurs jaune vif, noir et olive terne. Observé près des villes et des villages en petits groupes. Originaire d'Afrique. Commun sur l'île Maurice et à la Réunion.

Serinus canicollis

11-13 cm

 Cape Canary

Small grey and yellow finch. Juvenile shows streaked plumage. Seen in small groups in open heath land, and wooded and scrubby areas. Originally from Africa. Common at higher altitudes on Réunion.

Serin du Cap

Petit passereau granivore gris et jaune. Le juvénile a un plumage strié. Observé au sein de petits groupes dans les zones ouvertes de bruyère et les zones boisées ou broussailleuses. Originaire d'Afrique. Commun en altitude à la Réunion.

Serinus mozambicus

10-12 cm

 Yellow-fronted Canary

Small green and yellow finch with a yellow rump. Seen in grasslands and wooded areas. Originally from Africa. Common on Mauritius, Réunion and Assumption.

Serin du Mozambique

Petit passereau vert et jaune au croupion jaune. Fréquente les zones herbeuses et boisées. Originaire d'Afrique. Commun à Maurice, à la Réunion et à Assomption.

Spermestes cucullatus 9 cm

 Bronze Mannikin
Tiny brown and white bird with a black face. Found in mixed wooded and grassy areas. Originally from Africa. Common on the Comoros.

 Capucin nonnette
Minuscule oiseau brun et blanc à la face noire. Fréquente les zones mixtes herbeuses et boisées. Originaire d'Afrique. Commun aux Comores.

Lonchura punctulata 11 cm

 Spice Finch
Small brownish finch with a brown bib and scaly black-and-white belly and flanks. Seen around village edges, grassy and scrubby areas. Originally from Asia. Common on Mauritius; less so on Réunion.

 Capucin damier
Petit passereau granivore brunâtre à la partie centrale de la poitrine brune et au ventre et aux flancs d'apparence écailleuse noirs et blancs. Observé aux abords des villages, et dans les zones herbeuses et de broussailles. Originaire d'Asie. Commun à l'île Maurice, et un peu moins à la Réunion.

Estrilda astrild 11-12 cm

 Common Waxbill
A tiny brown bird with a pointed tail and bright red bill. Found in grassy areas and sedges around wetlands. Originally from Africa. Found on the Mascarenes, Seychelles and north-western Madagascar.

 Astrild ondulé
Minuscule oiseau brun à la queue pointue et au bec rouge vif. Fréquente les zones herbeuses et les carex dans les zones humides. Originaire d'Afrique. Observé aux Mascareignes, aux Seychelles et dans le nord-ouest de Madagascar.

🇬🇧 Index

◼ ◼ Index